Stephan Gora

Praktische Rhetorik

Rede- und Gesprächstechniken in der Schule

Klett | Kallmeyer

Bibliografische Information der Deutschen Nationalbibliothek
Die Deutsche Nationalbibliothek verzeichnet diese Publikation in der Deutschen Nationalbibliografie; detaillierte bibliografische Daten sind im Internet über http://dnb.d-nb.de abrufbar.

Impressum

Stephan Gora
Praktische Rhetorik
Rede- und Gesprächstechniken in der Schule

1. Auflage 2010

Redaktion: Michael Banse, Leipzig
Satz: Lars Pätsch/Ansgar Klemm (EITM – Grafik & Illustration, Hannover)
Druck: Fuldaer Verlagsanstalt GmbH & Co. KG, Fulda
Printed in Germany

ISBN: 978-3-7800-1055-1

Stephan Gora

Praktische Rhetorik

Rede- und Gesprächstechniken in der Schule

Klett | Kallmeyer

Die Übung soll so sein, wie es die Praxis verlangt.

In Anlehnung an Quintilian (35 – 100 n. Chr.)

Meinen Kindern
Milena, Marcel und Celina

Vorwort: Rhetorik in die Schule!

Mit der Rhetorik hat es eine merkwürdige Bewandtnis. Obwohl mit ihr die Geschichte des Schulwesens in Europa begann, obwohl sie bis in die Neuzeit das Rückgrat des höheren Unterrichts bildete, obwohl Rhetorik-Kurse in der beruflichen Fort- und Weiterbildung heute mehr denn je zum Standardprogramm gehören, ist die Rhetorik als organisiertes Fach aus Schule und Hochschule verschwunden.

Besonders in Deutschland hat in den letzten hundert Jahren die Verachtung der Rhetorik unter Gebildeten zum guten Ton gehört – mit erheblichen Auswirkungen auf die Schule. Rhetorik, das war Manipulation und Marktgeschrei; wer wollte damit zu tun haben? Lieber hielt man es mit Goethes „Faust“, der seinen Schüler mahnt:

„Such' Er den redlichen Gewinn!
Sei Er kein schellenlauter Tor!
Es trägt Verstand und rechter Sinn
mit wenig Kunst sich selber vor;
Und wenn's euch ernst ist, was zu sagen,
Ist's nötig, Worten nachzujagen?“
(Faust I. V. 549 – V. 553)

Grundlos sind die Vorbehalte gegenüber der Rhetorik natürlich nicht und jeder, der sich mit praktischer Rhetorik befasst, tut gut daran, Fausts Mahnung ernst zu nehmen. Ein Vortrag „mit wenig Kunst“ wäre auch vom Standpunkt der Rhetorik selbst anzuraten, gilt es doch, die Mittel rhetorischer Kunst in den Dienst der Sache zu stellen und nicht, wie oft zu erleben, sie vor sich her zu tragen. Bei aller Skepsis gegenüber der Rhetorik sollte man sich jedoch gegenwärtig halten, wie schwierig es häufig ist, im Vortrag klar zu bleiben. In komplizierten Angelegenheiten sind die Motive oft verwickelt, die Sachen gerade nicht leicht zu erfassen. Da fällt die einfache, anschauliche Formulierung nicht vom Himmel. Vielmehr ist sie ein Resultat intensiver Auseinandersetzung mit der Sache und den Menschen, die zu ihr gehören, und das bedeutet für den Redner oft auch eine Auseinandersetzung mit sich selbst. Diesen Aufwand kann die Rhetorik niemandem ersparen. Aber sie kann jedem dabei helfen, beim Thema zu bleiben, in der Vorbereitung systematisch vorzugehen und Gedanken Schritt für Schritt so aufzubereiten, dass sie andere erreichen.

Wer sich auf diesen Weg begibt, wird die Erfahrung machen: Wichtiger noch als Wissen ist die Übung. Übung meint nicht etwa nur eine zunehmend routinierte Handhabung wiederkehrender Abläufe, zu üben ist vor allem der Kontakt zum Gegenüber. Erst im Kontakt erhält die Rede ihren Sinn, erst im Kontakt entsteht die Sicherheit, die man als Redner braucht, um zu beginnen und rechtzeitig wieder aufzuhören.

Diesen Kontakt gilt es zu suchen und immer wieder aufzubauen. Nicht selten zeigt sich, dass es weit weniger technischen Effekts bedarf, um die Aufmerksamkeit zu halten, als vielmehr der Zuwendung zum Gegenstand und Gegenüber. Erst daraus bildet sich ein Sinn für das jeweils Passende, das der jeweiligen Situation Angemessene, kurz: echtes rednerisches Können.

Rhetorik-Unterricht, der etwas taugt, muss also praktisch werden, erst recht in der Schule. Stephan Gora hat dazu bereits 1992 eine Handreichung vorgelegt: „Grundkurs Rhetorik. Eine Hinführung zum freien Sprechen". Das war zum damaligen Zeitpunkt eine Pioniertat. Wie hat sich der Stellenwert der Rhetorik in der Schule seither entwickelt?

Die Kultusminister der Länder haben im Mai 2002 beschlossen, für „ausgewählte Schnittstellen der allgemein bildenden Schularten" gemeinsame Bildungsstandards zu erarbeiten. Nicht allein abfragbares Wissen, sondern der Kompetenzerwerb der Schülerinnen und Schüler, ihr tatsächliches Können soll zum Maßstab für den Schulerfolg werden. Damit gewinnt praktische Rhetorik nicht dem Namen, aber der Sache nach ein erheblich größeres Gewicht, denn bei jeder geistigen Darbietung fragt sich, inwieweit sie überzeugt. Dieses größere Gewicht kommt nicht nur in der Einführung der Präsentation als Prüfungsform zur Geltung, sondern auch in der rapide gestiegenen Zahl von Wahl- und Wahlpflichtkursen, die kommunikative Kompetenz und praktische Rhetorik zum Inhalt haben.

Auch das sportliche Debattieren hat in deutschen Schulen fachübergreifend Einzug gehalten. Auf Initiative und unter der Schirmherrschaft des damaligen Bundespräsidenten Johannes Rau gibt es seit dem Schuljahr 2002/03 den Bundeswettbewerb *Jugend debattiert*, gefördert durch die Gemeinnützige Hertie-Stiftung, die Robert Bosch Stiftung, die Stiftung Mercator und die Heinz Nixdorf Stiftung, in Kooperation mit der Kultusministerkonferenz und den Kultusministerien der Länder. Inzwischen nehmen bundesweit über 650 Schulen daran teil. Die Etablierung des Debattierens in der Schule erscheint vor allem vor dem Hintergrund sozialen Wandels bedeutsam. Je pluralistischer und vielschichtiger die Gesellschaft wird, nicht zuletzt durch fortwährende Zuwanderung, umso mehr kommt es in ihr auf Verständigungs- und Argumentationsfähigkeiten an. Entsprechend wächst die Bedeutung rhetorischer Bildung.

Schließlich dürfte auch die Ausbreitung von Internet und Mobiltelefonie seit Mitte der 1990er-Jahre dazu beitragen, dass das Interesse an Kommunikation und Rhetorik weiter steigt. Durch jene neuen Technologien sind öffentliche und private Kommunikation Veränderungen unterworfen, deren Tragweite kaum überschätzt werden kann. Umso wichtiger ist, dass die Schule hier Orientierung bietet. Der wichtigste Maßstab zur Einschätzung der Bedeutung technischer Medien bleibt die Kommunikation unter Anwesenden, von Angesicht zu Angesicht, denn ihre Funktionen sind es ja, die die neuen Technologien erweitern oder spezifizieren wollen.

Wer die rhetorische Situation erfasst, wer den Grundsatz der Angemessenheit erfahren und verstanden hat, wird auch mit medialer Unterstützung umsichtiger kommunizieren – ob im Internet, in E-Mails oder beim Schreiben einer SMS.

Stephan Gora gibt seit über 25 Jahren Rhetorikkurse in der Schule und in der Lehrerausbildung. Er ist ein Praktiker, der aus reicher pädagogischer Erfahrung schöpfen kann. Dabei hat er den Bezug zur rhetorischen Wissenschaft nicht aus den Augen verloren, sondern moderne wissenschaftliche Ansätze in seine Arbeit und den vorliegenden Band integriert. Wie den Klassikern – man denke an Cicero und Quintilian – geht es auch Gora darum, verbreiteten Verkürzungen von Rhetorik entgegenzutreten und zu zeigen, dass Rhetorik wohlverstanden auf die Bildung des ganzen Menschen zielt. So belässt er es nicht bei einer Einführung in einzelne Techniken, sondern stellt hier für den Gebrauch in Schulen auch Modelle und Methoden vor, die rhetorischer Technik zugrunde liegen, und stellt diese wiederum in einen umfassenden ethischen und anthropologischen Rahmen. Möge der Band im Sinne einer solchen Weitung des Blickes zahlreiche Leserinnen und Leser finden!

Ansgar Kemmann
Projektleiter *Jugend debattiert* bei der
Gemeinnützigen Hertie-Stiftung

Einleitung: Eine Didaktik und Methodik für Rede und Gespräch?

Wer sich auf den Weg macht, muss das Ziel kennen! Er sollte sich aber auch seiner Voraussetzungen bewusst sein: Wie steht es mit Marschgeschwindigkeit und Orientierungssinn, mit Ausdauer und Durchhaltevermögen, mit Ausrüstung und Verpflegung? Woraus wird die Motivation gespeist? Vor allem sollte er sich überlegen, auf welchem der vielen denkbaren Wege er das Ziel sicher erreichen kann. Auf Wegen durchs Gebirge benötigt er, um nicht abzustürzen, vielleicht einen erfahrenen Bergführer oder Seil und Kletterhaken. Vernünftigerweise wird unser Wanderer in einem Zeitplan festlegen, welche Strecke er in welchem Zeitraum zurücklegen möchte. Auf seiner Reise wird er aber feststellen, dass manche Wegstrecken mehr Zeit benötigen, weil die landschaftlichen Reize zum längeren Verweilen einladen oder weil man doch mehr Steine aus dem Weg räumen muss. Will er sein Ziel trotzdem pünktlich erreichen, so gelingt das nur über die eine oder andere Abkürzung. Da er auf seinem Weg niemandem schaden und nichts beschädigen möchte, wird er sich an Regeln halten und den Menschen mit Respekt begegnen. Spüren diese Menschen seine Freundlichkeit und sein Wohlwollen, halten sie ihn für glaubwürdig und das Ziel für erstrebenswert, dann werden sie ihm auf seinem Weg folgen und sich führen lassen.

Nicht anders geht es Lehrerinnen oder Lehrern[1], wenn sie ihren Schülerinnen und Schülern rhetorische Fähigkeiten, Kenntnisse und Einsichten vermitteln wollen. Sie machen sich die Voraussetzungen bewusst, die ihre Schüler als Menschen grundsätzlich mitbringen (Anthropologie), sie müssen sich auf die konkrete Zielgruppe einstellen und sich fragen: Was können diese jungen Menschen noch nicht und was sollen sie lernen (Didaktik)? Den wichtigsten Teil macht aber die Überlegung aus, auf welche Weise die angestrebten Lernziele erreicht werden können (Methodik). In der Einsicht, dass rhetorisches Wissen – wie jede andere Wissenschaft auch – missbraucht werden kann, ist es erforderlich, über die technischen Fähigkeiten hinaus Orientierungen zu bieten, die sich aus der Geschichte der Rhetorik und der angewandten Philosophie ergeben (Ethik).

Warum eine praktische Rhetorik zu Rede- und Gesprächstechniken?

Das Fehlen einer fundierten Didaktik und Methodik für den schulischen Bereich ist in der Vergangenheit des Öfteren beklagt worden. Zwar hat es immer wieder hilfreiche Veröffentlichungen mit methodischen Anregungen[2] gegeben; auch die Möglich-

[1] Im Folgenden aus Gründen der besseren Lesbarkeit nur *Lehrer* bzw. *Schüler*; mit dieser verkürzenden Bezeichnung sind selbstverständlich immer beide Geschlechter gleichberechtigt gemeint. Gleiches gilt für die Fachbegriffe *Redner* und *Zuhörer*.

[2] Vgl. die Bibliografie auf S. 157

keit bzw. die Verpflichtung, Referate zu halten und Präsentationsprüfungen abzulegen sowie der Bundeswettbewerb *Jugend debattiert*[3] haben erfreulicherweise zu einer Rhetorisierung der Schule beigetragen. Eine systematische Darstellung, die Anthropologie, Didaktik, Methodik und Ethik zu einer „praktischen Rhetorik" für die Schule sinnvoll miteinander verknüpft, gibt es bislang jedoch nicht.

Dieser Band will daher zunächst ein Menschenbild skizzieren, aus dem klar ersichtlich wird, was den Homo rhetoricus ausmacht und was ihn befähigt, erfolgreich zu kommunizieren. Zum besseren Verständnis werden hierzu die wichtigsten Modelle und Ansätze der Kommunikationstheorie (von Aristoteles über Karl Bühler und Paul Watzlawick bis zu Friedemann Schulz von Thun) in knapper Form dargestellt und durch ein schulpraktisches Modell, das *Pentagon*[4] des Verfassers, ergänzt. Im didaktischen Teil wird dargelegt, welche Fähigkeiten, Kenntnisse und Einsichten eigentlich relevant sind und es werden Vorschläge gemacht für eine sinnvolle Auswahl und Abfolge von Unterrichtsschritten. Während es im didaktischen Teil um das Was geht, werden im methodischen Teil Anregungen gegeben, wie die einzelnen Schritte mit Schülern bzw. Kursteilnehmern umgesetzt werden können. Abschließend geht es um die ethische Dimension der Rhetorik: Welche Verantwortung trägt der Redner? Wodurch kann den Gefahren des Missbrauchs begegnet werden?

Dieser Band liefert also in knapper Form die Grundlage für die Vermittlung rhetorischer Fähigkeiten, Kenntnisse und Einsichten. Diese Kompetenzen orientieren sich – wie von Quintilian[5] gefordert – an den Anforderungen der Praxis. Praktische Rhetorik heißt: die rhetorischen Kompetenzen zu vermitteln, die der Schüler zunächst in der Schule selbst benötigt. Da der Schüler aber nach Senecas[6] berühmtem Spruch nicht nur für die Schule, sondern vor allem für das Leben lernt, sollten auch die Kompetenzen vermittelt werden, die später in Ausbildung und Beruf sowie in der Gesellschaft von Belang sind. Praktische Rhetorik darf sich nicht nur auf Redetechniken wie das Referat oder den Vortrag beschränken, sie muss auch Gesprächstechniken wie Diskussion, Debatte, Verhandlung, Prüfungs- oder Bewerbungsgespräch umfassen.

In diese Anregungen zur Didaktik und Methodik sind die Erfahrungen aus mehr als 25 Jahren praktischer Rhetorik eingeflossen: Alle Übungen und Arbeitsblätter sind mehrfach im Deutschunterricht und in Rhetorikkursen erprobt, einige sind bereits in vorangegangenen Publikationen veröffentlicht oder auf Lehrerfortbildungen vorgestellt worden – in diesem Sinne inzwischen wohl bestens bewährt. Neu ist dagegen die Einbettung der Methodik in die anthropologischen Voraussetzungen, in die Kommunikationstheorie und die ethischen Rahmenbedingungen. Diese Zusammenhänge bewusst zu machen, ist dem Verfasser ein wichtiges Anliegen.

---

3 Seit 2003 unter der Schirmherrschaft des jeweiligen Bundespräsidenten

4 Erstmals in Gora 2004b

5 Vgl. das Motto dieser praktischen Rhetorik: „Die Übung soll so sein, wie es die Praxis verlangt."

6 „nōn scholae, sēd vītae dīscimus" (bei Seneca allerdings in ironischer Absicht umgekehrt formuliert)

An wen richtet sich diese praktische Rhetorik?

Dieser Band richtet sich an alle, die anderen rhetorische Kompetenz vermitteln wollen. Das sind in erster Linie die Lehrer der unterschiedlichen Schularten, allen voran die Deutschlehrer, die aufgrund der fachlichen Voraussetzungen, Inhalte und Erfordernisse (Lesewettbewerb, Buchvorstellung, Referatstechnik, Erörterung, Debatte, Diskussion, Analyse von Reden und Stilfiguren usw.) Rhetorik ohnehin in ihren Unterricht integrieren. Daneben wendet sich diese Konzeption an Lehrer, die im Rahmen von Rhetorik-AGs, Methodentagen, von Seminarkursen oder von *Jugend debattiert* ihren Schülern rhetorische Kompetenzen vermitteln wollen. Auch der Fachlehrer, der seine Schüler bei der Vorbereitung von Referaten und Prüfungen auf kompetente Weise betreuen möchte, wird nützliche Anregungen finden.

Außerhalb der Schule dürfte diese Konzeption ebenfalls auf Interesse stoßen: bei Rhetoriktrainern in Ausbildung, Studium und Beruf. Denn sie bietet Orientierung bei der souveränen Auswahl des Stoffs und vielfältige Anregungen bei der methodischen Umsetzung.

Wodurch wird die Arbeit mit diesem Band erleichtert?

Dieser Band ist zwar der aktuellen wissenschaftlichen Forschung verpflichtet, bemüht sich aber um eine allgemein verständliche Sprache. Auf etymologische oder historische Herleitungen wird – um den Lesefluss nicht zu stören – im Darstellungsteil verzichtet, zur Vertiefung wird aber jeweils auf Fußnoten, auf das Lexikon der rhetorischen Fachbegriffe oder auf die Bibliografie verwiesen. Der hochgestellte Buchstabe L nach einem Fachbegriff verweist auf Definition und Erläuterung im Lexikon. Grafische Darstellungen machen komplexere Sachverhalte verständlich, Strukturskizzen eignen sich für Tafel, Flipchart oder Pinnwand. Kopiervorlagen für Arbeitsblätter (abgekürzt KV) oder für Folien (abgekürzt FV) sind auf eigenen Seiten ohne Seitenumbruch so platziert, dass sie (mit dem Faktor 1,3) ins DIN-A4-Format hochkopiert werden können.

Was sollte gelesen, was darf in dieser Didaktik und Methodik ausgelassen werden?

Wer bereits mit den theoretischen Grundlagen der Rhetorik vertraut ist, wird sich auf die vorgeschlagenen didaktischen und methodischen Anregungen konzentrieren. Diese sind so verfasst, dass sie in den meisten Fällen 1:1 auf den Unterricht übertragen werden können.

Wer dagegen Patentrezepten misstraut und lieber aufgrund eigener Überlegungen maßgeschneiderte Konzepte entwickeln möchte, wird die Kommunikationsmodelle und die fünf Kompetenzbereiche der Rhetorik zum Ausgangspunkt nehmen, um im Hinblick auf seine Schüler die Konzeption auszuwählen, die er seinem Rhetorikkurs zugrunde legen möchte. Passend zu seiner Klassenstufe wird er im Methodenteil selbst die Wege auswählen, die ihm den größten Erfolg versprechen.

Wer sich bisher nur wenig mit Rhetorik beschäftigt hat, dem sei die Lektüre des gesamten Buches in der vorliegenden Reihenfolge ans Herz gelegt, denn Rhetorik ist mehr als nur eine Ansammlung einzelner Techniken. Da Rhetorik von den Möglichkeiten und Grenzen des Menschseins ausgeht und immer auch eine ethische Dimension hat, sollte kein Kapitel vernachlässigt werden! Das Lexikon der rhetorischen Fachbegriffe wird bei der Lektüre hilfreich sein. Darüber hinaus lädt die kommentierte Bibliografie zur Vertiefung ein.

Nun können die Vorbereitungen für die Reise in die Rhetorik beginnen. Dabei sollen möglichst viele Schüler mitgenommen und mit den wichtigsten Rede- und Gesprächstechniken vertraut gemacht werden. Und auch das Ziel ist klar gesteckt: die Erziehung zu mündigen Menschen, die sich ihrer ethischen Verantwortung bewusst sind!

Nachhaltigen Erfolg bei der Umsetzung dieser praktischen Rhetorik, aber auch persönliche Erfolgserlebnisse bei der Vermittlung rhetorischer Fähigkeiten wünscht

Stephan Gora

1. Anthropologie und Rhetorik

> *In der Praxis ist Rhetorik die Beherrschung erfolgsorientierter strategischer Kommunikationsverfahren. Rhetorik ist die kommunikative Möglichkeit des Menschen, einem von ihm als berechtigt angesehenen Anliegen (...) soziale Geltung zu verschaffen und sich selbst damit, wenigstens im Moment des kommunikativen Erfolgs, aus sozialer Determination zu befreien. Rhetorik war von Beginn an der Ausgang des Menschen aus gesellschaftlicher Sprachlosigkeit. Und der rhetorische Imperativ lautet: Perorare aude. – Habe Mut, dich deiner eigenen Ausdrucksfähigkeit offen zu bedienen!*[1]
> (Knape 2000, S. 33)

Rhetorik ist im Leben des Menschen allgegenwärtig, nicht nur im Bildungsbereich, um den es hier primär geht: also in Schule und Universität. Hier spielt Rhetorik eine zentrale Rolle, wenn sich Menschen verständlich machen und wenn sie verstehen wollen.

Rhetorik beginnt bereits beim Spracherwerb, selbst wenn sich die Beteiligten der rhetorischen Basiselemente Blickkontakt, Mimik, Gestik und Stimme kaum bewusst sein dürften. Sehr viel bewusster wird Rhetorik später angewandt: in Alltag und Beruf, im gesellschaftlichen Engagement und in der Politik. In diesen Bereichen wird offenkundig, was Rhetorik eigentlich immer schon ist: ein Angebot unterschiedlichster Kommunikationstechniken, um eigenen Anliegen zum Erfolg zu verhelfen, um andere zu überzeugen und bestenfalls sogar zum Handeln zu bewegen.

Aufgrund dieser einfachen Überlegungen wird deutlich, dass sich eine Methodik der Rhetorik zunächst zwei Fragen zu stellen hat:

1. Was ist der Mensch?
2. Was ist Rhetorik?

1.1 Was ist der Mensch?

Beantwortet werden soll die erste Frage anhand einer näheren Bestimmung der anthropologischen Voraussetzungen des *Homo rhetoricus*. Dieser Text ist zugleich als Kopiervorlage gesetzt, damit er (in leistungsfähigen Klassen ab der 9. Klassenstufe) besprochen und diskutiert werden kann. Das Nachdenken und Diskutieren über dieses Menschenbild nehmen zahlreiche Begriffe und Aspekte vorweg, die später in der Didaktik und Methodik eine Rolle spielen, vor allem wirken sich diese Überlegungen zu einer rhetorischen Anthropologie auch auf die zweite Frage, die nach der Definition von Rhetorik, aus.

---

1 Knappe steht in der Tradition der Persuasionsrhetorik von Aristoteles und Cicero

Das Menschenbild der Rhetorik

Der Mensch hat seine *Wurzeln in der Tierwelt* und dennoch überwindet er durch *aufrechten Gang, Sprache* und *Bewusstsein* die Begrenztheit seiner biologischen Abstammung. Durch die Beweglichkeit seiner Daumen und andere anatomische Eigenschaften kann er sich Werkzeuge schaffen und seine Umwelt gestalten; durch den aufrechten Gang erhebt er sich – im wörtlichen wie im übertragenen Sinn – über die Tierwelt. Im Vergleich zu den Tieren benötigt er allerdings viel Zeit für seine Entwicklung; seine körperlichen, geistigen und seelischen Anlagen bedürfen der Erziehung und Bildung durch die Mitmenschen, damit er sich vervollkommnen und die ihn prägenden Traditionen weiterentwickeln oder sogar überwinden kann. Trotz dieser eindrucksvollen Entwicklung sind die natürlichen Wurzeln des Menschen in seinen Verhaltens- und Reaktionsweisen, in seinen Gefühlen, seiner Körpersprache (vor allem in Mimik und Gestik) sowie seiner Stimme (Stimmlage, Intonation, Betonung) deutlich spürbar.

Die Besonderheiten seines Artikulationsapparates befähigen ihn zu einer Sprache, die er als *Werkzeug* einsetzt, um selbst schwierige Sachverhalte genau darzustellen, eigene Gefühle und Gedanken zum Ausdruck zu bringen, zwischenmenschliche Beziehungen herzustellen, zu unterhalten und auf seine Mitmenschen einzuwirken. Im Laufe ihrer Geschichte hat die Menschheit die unterschiedlichsten Sprachen ausgebildet; neben seiner Muttersprache kann der Mensch weitere Sprachen lernen und dadurch mit anderen Völkern und Kulturen kommunizieren. Aus dem ihm zur Verfügung stehenden Sprachsystem wählt er in der rhetorischen Situation seine konkreten Äußerungen aus. Doch nicht nur zum Sprechen und Zuhören verwendet er seine Sprache, sondern auch zum Schreiben und Lesen, damit zur dauerhaften Speicherung und Weitergabe seiner Erfahrungen und seines Wissens. Durch die Größe und Struktur seines Gehirns hat der Mensch ein Bewusstsein entwickelt, das ihn zu einem souveränen und differenzierten *Urteil* befähigt, zu vielfältigen kulturellen Leistungen, zum *Nachdenken* über die Geschichtlichkeit und den Sinn der menschlichen Existenz – selbst über sein Denken und über seine Sprache! Bei der Gestaltung seiner Kultur, seines Staatswesens, seiner Gesetzgebung, bei allen wesentlichen Denkvorgängen und Handlungen spielt seine Sprache – in gesprochener wie in geschriebener Form – die entscheidende Rolle.

Der Mensch ist ein *kreatives Wesen* – mit der Gabe, neue Gedanken zu entwickeln, Argumente und Beispiele zu (er-)finden. Er ist ein *strukturierendes Wesen* – fähig seine Gedanken sinnvoll und zielgerichtet zu ordnen. Er ist ein *gestaltendes Wesen* – fähig, seine Gedanken verständlich und wirkungsvoll zu formulieren. Er ist ein *Wesen mit einem hohen Erinnerungsvermögen* – aufgrund seiner natürlichen Anlagen, aber auch dank rhetorischer Schulung und Übung fähig, frei zu sprechen. Er ist ein *rhetorisch handelndes Wesen* – in der konkreten Redesituation bündelt er seine Fähigkeiten unter Einsatz von Stimme, Blickkontakt, Gestik und Mimik in einer zielgerichteten Handlung: Redetext, Visualisierung und Körpersprache orientieren sich am Zuhörer! Der Homo rhetoricus ist ein ganzheitliches Wesen, das Körper, Geist und Seele einsetzt, um in vernünftiger Rede seinem Denken und Fühlen einen glaubwürdigen Ausdruck zu verleihen und um die Zustimmung seiner Zuhörer zu gewinnen. Er kann seine Rede strategisch einsetzen, um entsprechend seiner Absicht die Meinungen, Einstellungen und Verhaltensweisen seiner Zuhörer zu beeinflussen. Diese natürlichen Gaben vermag er durch Theorie und Praxis der Rhetorik in ihrer Wirkung zu steigern.

→

Der Mensch ist Individuum und zugleich Gemeinschaftswesen, auf Bindung angewiesen, aber auch auf Abgrenzung und Ich-Findung bedacht. Durch seine Sprache tauscht er Kenntnisse und Wissen aus, in der Auseinandersetzung mit anderen vertritt er seine Interessen, in strittigen Situationen führt er durch Argumente Entscheidungen herbei (oder rechtfertigt intuitiv getroffene Entscheidungen zumindest nachträglich). Da er für seine Handlungen und Meinungen Freiheit beansprucht, bilden Toleranz und Redefreiheit günstige Rahmenbedingungen für seine Entfaltung. Sein Recht auf freie Rede wird allerdings durch die ethische Verantwortung der Rhetorik begrenzt. Da die menschliche Gemeinschaft auf Konsens angewiesen ist, dieser in vielen Fällen aber erst hergestellt werden muss, versuchen Redner die Mitmenschen von der besten Lösung zu überzeugen. Im Ringen um den richtigen Weg wird die eigene Position auf-, die der Gegenseite abgewertet; mit rhetorischen Mitteln vermag er mitunter sogar aus Schwächen Stärken und aus Stärken Schwächen zu machen. Da es in kontroversen Entscheidungssituationen selten um Wahrheiten, sondern zumeist um Wahrscheinlichkeiten geht, Menschen aber handeln und damit auch entscheiden müssen, wird vom Redner vor allem Wahrhaftigkeit erwartet. In vielen Redesituationen hat auch die unterlegene Position Anteil an der Entscheidungsfindung und spiegelt sich im Ergebnis wider. In diesem Sinne trägt eine möglichst umfassende rhetorische Bildung für alle Menschen zu besseren Entscheidungen bei und mindert zudem die Gefahren einer einseitigen Herrschaft durch Sprache.

Der Homo rhetoricus der Neuzeit kommuniziert nicht nur von Angesicht zu Angesicht: Mit Hilfe von Medien, die seine Fähigkeiten ins Unermessliche steigern, hat er die Möglichkeit, mit der gesamten Menschheit zu kommunizieren. Die globale Kommunikationsgesellschaft fordert ihn heraus, eine wachsende Informationsflut zu bewältigen. Ständig muss er lernen und Erlerntes weitervermitteln, muss er verstehen und sich verständlich machen. Trotz aller technischen Errungenschaften bleibt der Mensch aber das Maß aller Dinge: Redner und Zuhörer begegnen sich als Menschen; in Rede und Vortrag spricht der Redner über Themen, die ihm selbst ein Anliegen sind und die den Zuhörer betreffen; in Gespräch, Diskussion und Debatte tauschen sie im Wechsel zwischen Sprechen und Zuhören ihre Rollen. Selbst in den Neuen Medien gewinnt der Dialog immer mehr an Bedeutung. Gute Kommunikation gelingt in der Angemessenheit zwischen Redner, Thema und Zuhörer sowie im richtigen Erfassen der rhetorischen Situation.

Diese anthropologische Skizze erzeugt im Unterricht und in Rhetorikkursen erfahrungsgemäß Erstaunen, Nachdenklichkeit und eine lebhafte Diskussion. Leitfragen für eine Diskussion dieses Menschenbildes können sein:

- Welche Aussagen der Anthropologie finden Zustimmung, welche Aussagen stoßen auf Ablehnung?
- Wodurch erhebt sich der Mensch über die Tierwelt? Und inwieweit kann er seine Abstammung nicht verleugnen? Nenne Beispiele!
- Welche Funktionen hat die menschliche Sprache?
- Wie lässt sich das Wesen des Menschen beschreiben? Welche seiner Fähigkeiten sind besonders für die Rhetorik relevant?
- Wie ist das Verhältnis zwischen dem Redner als Individuum und seinem gesellschaftlichen Umfeld, an das er sich wendet? Warum spielen Wahrscheinlichkeit und Wahrhaftigkeit eine größere Rolle als Wahrheit? Wodurch kann eine einseitige Herrschaft durch Sprache verhindert werden?
- Was ist der Unterschied zwischen rhetorischer und medialer Kommunikation?

Zur Veranschaulichung des skizzierten Menschenbildes können Schüler den Auftrag erhalten, die wesentlichen Aussagen dieses anspruchsvollen Textes zu visualisieren oder in einem Standbild darzustellen. In schwächeren Klassen kann der Lehrer selbst mithilfe einer Folie (s. FV Seite 18) die rhetorische Anthropologie veranschaulichen.

FOLIENVORLAGE

Der Mensch als rhetorisch handelndes Wesen

Durch **Sprache** und **Bewusstsein** erhebt er sich über die Tierwelt,
aber seine Körpersprache verrät die natürlichen Wurzeln.

Sprache benutzt er als **Werkzeug**, um
Sachverhalte darzustellen,
eigene Gefühle und Gedanken zum Ausdruck zu bringen,
zwischenmenschliche Beziehungen herzustellen
seine Mitmenschen zu unterhalten oder
ihre Meinungen, Einstellungen und Verhaltensweisen zu beeinflussen.

Um in strittigen Situationen **Entscheidungen** herbeizuführen,
wertet er mit Argumenten auf oder ab,
spricht er verständlich, wirkungsvoll und möglichst frei.

Dank seines **Bewusstseins** kann er
Wissen dauerhaft speichern,
über sich und die Welt nachdenken,
seine Gesellschaft, seinen Staat, seine Kultur gestalten.

Durch Medien kann er seine kommunikativen Möglichkeiten steigern,
aber der Mensch bleibt das Maß aller Dinge und
die **Angemessenheit** das oberste Ziel.
Redefreiheit und Recht zur Gegenrede bedingen einander,
verantwortungsvoll muss der Mensch mit seiner Sprache umgehen.

Erhellend ist in diesem Zusammenhang auch die *„Anthropologische Annäherung an die Rhetorik"*, mit der der Philosoph *Hans Blumenberg* (1920-1996) das Verhältnis zwischen Philosophie und Rhetorik auf den Punkt gebracht hat:

> *Was der Mensch ist, wurde in zahllosen definitionsähnlichen Bestimmungsversuchen auf Sätze gebracht. Die Spielarten (...) lassen sich auf eine Alternative reduzieren: der Mensch als armes oder als reiches Wesen. (...)*
>
> *Rhetorik hat es zu tun mit den Folgen aus dem Besitz von Wahrheit oder mit den Verlegenheiten, die sich aus der Unmöglichkeit ergeben, Wahrheit zu erreichen. (...) Der Mensch als das reiche Wesen verfügt über seinen Besitz an Wahrheit mit den Wirkungsmitteln des rhetorischen Ornatus. Der Mensch als das arme Wesen bedarf der Rhetorik als der Kunst des Scheins, die ihn mit seinem Mangel an Wahrheit fertig werden lässt. (...)*
>
> *Unter diesem Aspekt ist Sprache nicht ein Instrumentarium zur Mitteilung von Kenntnissen oder Wahrheiten, sondern primär der Herstellung der Verständigung, Zustimmung oder Duldung, auf die der Handelnde angewiesen ist. (...) Solange die Philosophie ewige Wahrheiten, endgültige Gewissheiten wenigstens in Aussicht stellen mochte, musste ihr der Consensus als Ideal der Rhetorik, Zustimmung als das auf Widerruf erlangte Resultat der Überredung, verächtlich erscheinen.*
>
> *Auch Theorien werben implizit um Zustimmung, wie es Rhetorik explizit tut. Der entscheidende Unterschied besteht in der Dimension der Zeit; Wissenschaft kann warten (...), während Rhetorik den Handlungszwang des Mängelwesens als konstitutives Situationselement voraussetzt – wenn sie nicht mehr Ornatus einer Wahrheit sein kann. Evidenzmangel und Handlungszwang sind die Voraussetzungen der rhetorischen Situation. (...)* (Blumenberg 1981, S. 104 ff.)

Dieser Text dient der Vertiefung[2], weil er in der These vom *Evidenzmangel* und vom *Handlungszwang* zeigt, wie eng Menschenbild und Rhetorik zusammenhängen und weil er das Dilemma aufzeigt, dem sich weder der Redner noch eine Theorie der Rhetorik entziehen kann: Der Mensch muss mit rhetorischen Mitteln Entscheidungen herbeiführen und Handlungen rechtfertigen, *weil* und *obwohl* er nicht im Besitz von letzter Wahrheit[L] ist.

Für Entscheidungen angesichts einer klaren und eindeutigen Sachlage, wenn also Konsens über Wahrheit bestünde, bedürfte es keiner Rhetorik. Ihre Funktion entfaltet sie gerade in kontroversen Entscheidungssituationen, in denen beide Seiten vielleicht gerne „Wahrheit" für sich beanspruchten, ein entsprechender Konsens aber gerade nicht gegeben ist. Da sich Entscheidungen in aller Regel auf Zukünftiges beziehen, geht es in der Sache um *Wahrscheinlichkeiten*[L], in der Person des Redners um *Wahrhaftigkeit*[L]. Der in der zweieinhalbtausend Jahre alten Geschichte der Rhetorik immer wieder unternommene Versuch, die Rhetorik gegen die Philosophie auszuspielen, verkennt dieses Dilemma, ignoriert geradezu die anthropologischen Voraussetzungen des Menschen[3].

2 Blumenbergs Text ist anspruchsvoll und primär zur Vertiefung für den Lehrer gedacht. Der Verfasser empfiehlt diesen Text allenfalls für leistungsstarke Lerngruppen auf der Oberstufe.

3 Mehr hierzu im Kapitel 5 über die ethische Dimension der Rhetorik

1.2 Was ist Rhetorik?

Nun zur zweiten Fragestellung, zur Definition von Rhetorik, zu ihrem Begriff, ihrem Wesen, ihrer Funktion im Rahmen einer praktischen Anleitung zum gekonnten und bewussten Sprechen in der Schule.

In einer allgemeinen Definition ist Rhetorik eine elementare[4] kulturelle Leistung, vor allem im Bereich der gesprochenen Kommunikation, bei der Menschen in einer konkreten Situation auf angemessene Weise, in bewusster, auf Wirkung bedachter Sprachgestaltung den Mitmenschen ausgewählte Informationen vermitteln, um damit deren Zustimmung zum eigenen Anliegen zu erlangen. Entsprechend der rhetorischen Situation bedienen sie sich dabei unterschiedlicher Rede- und Gesprächstechniken. Immer geht es dabei um eine gemeinsame Sache: ein Thema, das Redner und Zuhörer bzw. die Gesprächspartner miteinander verbindet.

Rhetorik wird bereits in den frühen Hochkulturen in seiner Bedeutung erkannt[5], aber erst ab dem 5. Jahrhundert v. Chr. im griechischen Kulturkreis systematisch als Regelwerk[6] erfasst, daher der griechische Ursprung des Wortes: „rhētorikḗ téchnē“. Der Begriff lässt sich aus pädagogischen Gründen am besten zunächst mit Redetechnik übersetzen, wenn damit Fähigkeiten in unterschiedlichen Kompetenzbereichen gemeint sind, die sich als Techniken erlernen lassen. Im Rahmen dieser praktischen Rhetorik wird der Begriff sinnvollerweise auf Rede- und Gesprächstechniken[7] erweitert. Die Übersetzung mit Redekunst[8] suggeriert dagegen die Vorstellung, dass es sich hierbei um ein Können handle, das nur bedingt erlernbar sei, weil es einer besonderen Begabung

4 Im Sinne der lat. Herkunft des Wortes: „zu den Anfangsgründen gehörend“, selbst einem Unerfahrenen in seinem Wesen und seiner Funktion bekannt

5 Der ägyptische Pharao Meri-Ka-Rê empfiehlt ca. 1480 v. Chr. seinem Sohn: „Sei geschickt im Reden, damit du die Oberhand behältst; Reden ist erfolgreicher als Kämpfen.“ Im 8. Jh. zeigt Homer in seinen Epen mehrfach die Überlegenheit geschickten Sprechens gegenüber der körperlichen Gewalt, dabei verwendet er mehrfach das Verb „peíthein“ für den persuasiven Vorgang. Persuasion spielt auch im Alten und im Neuen Testament eine Rolle – von Jeremias („Herr, du hast mich überredet, und ich habe mich überreden lassen.“) bis hin zu Paulus („Solches Überreden ist nicht von dem, der euch berufen hat.“).

6 Auf Sizilien durch den griech. Redelehrer Korax und dessen Schüler Teisias sowie in Athen durch die Sophisten (z. B. Gorgias von Leontini). Sokrates' und Platons Kritik an den Sophisten führte zu einer Besinnung auf die ethische Dimension der Rhetorik, bevor Aristoteles im 4. Jh. eine Rhetorik entwickelte, die pragmatische und ethische Aspekte miteinander verband.

7 Diese Begriffskoppelung entspricht in etwa dem Zusammenhang von Rhetorik und Dialektik (Aristoteles 1989, 1354 a).

8 In sprachlicher Analogie zur lateinischen Bezeichnung „ars rhetorica“

oder Naturanlage bedürfe. Aus diesem Grund wäre von dieser Begrifflichkeit für die Schule abzuraten, es sei denn, man möchte damit auf die Stellung und den Rang einer Königsdisziplin verweisen, den die Rhetorik im Rahmen der Sieben freien Künste[L] einnahm[9]. Unabhängig von diesen Übersetzungsvarianten meint Rhetorik aber dreierlei[10]:

1. Rhetorik bezeichnet einerseits die *Fähigkeit,* öffentlich zu sprechen. Wer es etwa versteht, einen Sachvortrag verständlich und interessant zu gestalten, in einer Meinungsrede das Denken und Handeln der Zuhörer in seinem Sinne zu beeinflussen oder in einer Diskussion den eigenen Standpunkt überzeugend zu vertreten, verfügt über diese Fähigkeit.
2. Neben dieser kommunikativen Praxis bezeichnet Rhetorik die *Wissenschaft*[11], die den geistesgeschichtlichen und politischen Hintergrund von Reden untersucht, sie ist somit einerseits ein Mittel der Interpretation. Aus der Analyse gewinnt sie als Erfahrungswissenschaft andererseits Regeln und Anregungen für die Ausarbeitung von Redetexten und für das Verhalten während des Vortrags. Da die wesentlichen Grundlagen der Rhetorik in der Antike gelegt wurden, nimmt die rhetorische Theorie immer wieder Bezug auf griechische und römische Autoren. Sie muss aber auch moderne Ansätze aus der Kommunikationstheorie, der Psychologie, der Linguistik und der Argumentationstheorie aufgreifen. In diesem Zusammenhang ist mit dem Begriff Rhetorik auch die jeweilige Theorie eines Redelehrers genannt, die sich zumeist in Buchform darstellt. So spricht man von der Rhetorik *Aristoteles'* (um 350 v. Chr.), *Ciceros* (55 v. Chr.) und *Quintilians* (96 n. Chr.); im Mittelalter und in der frühen Neuzeit haben *Notker Teutonicus* (um 1020), *Friedrich Riederer* (1493) und *Philipp Melanchthon* (um 1520) Rhetoriken geschrieben. Für die neuere deutsche Literatur und Rhetorik sind *Johann Christoph Gottsched* (1736) und *Adam Müller* (1816) bedeutsam; hinzu kommen die Argumentationstheorien von *Stephen Toulmin* (1957 ff.), *Chaïm Perelmann* (1977) und *Manfred Kienpointner* (1996). Diese (und andere) Rhetoriken bilden das Grundgerüst der wissenschaftlichen Disziplin.
3. *Rhetorik* bezeichnet schließlich auch die systematische, an pädagogischen Prinzipien orientierte *Anleitung*[12] zum gekonnten Sprechen. Sie greift Erkenntnisse der Wissenschaft auf, ist aber vor allem an den Erfordernissen der Praxis orientiert. Sie bestimmt in einer Didaktik, was denn überhaupt als rhetorische Kompetenz erworben werden soll. Und in einer Methodik entwickelt sie, wie die einzelnen rhetori-

---

9 Grammatik, Rhetorik und Dialektik (Trivium) sowie Geometrie, Arithmetik, Astronomie und Musik (Quadrivium)

10 Auf eine vierte landläufige Bedeutung sei hier hingewiesen: Im heutigen Sprachgebrauch wird Rhetorik auch im Sinne von „bloßes Gerede“, als eine leere Technik ohne Inhalt (verba sine res) gebraucht. Auf diese abwertende Bezeichnung kann im Unterricht ergänzend hingewiesen werden, sie wäre aber in der systematischen Darstellung verfehlt.

11 Rhetorik als wissenschaftliche Disziplin („rhetorica docens“ oder allgemeine Rhetorik) spiegelt sich in diesem Band am stärksten in den Kapiteln 1 und 2 wider.

12 „rhetorica utens“, meist übersetzt durch „angewandte“ oder wie in diesem Band „praktische“ Rhetorik

schen Techniken möglichst effektiv gelernt und eingeübt werden können. Praktische Rhetorik ist also Anleitung und Hilfestellung für das wirkungsvolle und Erfolg versprechende Sprechen[13] vor anderen Menschen – nicht nur in der Rede, sondern auch im Gespräch.

Diese Begriffserweiterung hat Auswirkungen auf die zu behandelnden *Redegattungen*[L]: Die antike Rhetorik unterscheidet zunächst drei Gattungen: die Gerichtsrede, bei der es im Wesentlichen um Anklage und Verteidigung geht, die politische Rede, bei der im Hinblick auf Entscheidungen für die Zukunft die Sprechakte des Zu- oder Abratens bzw. des Auf- oder Abwertens vorherrschen, und die Fest- bzw. Gelegenheitsrede. Hinzu kommen mit der Durchsetzung des Christentums die Predigt und in der Neuzeit der Sachvortrag bzw. das Referat. Geht es in dieser praktischen Rhetorik auch um Gesprächstechniken, so ist die Liste um mindestens drei Gattungen zu erweitern: Diskussion[L], Verhandlung[L] und Debatte[L]. Daneben sollten weitere Varianten des „dialogischen Sprechens" nicht aus dem Blickfeld geraten: in der Schule vom Unterrichtsgespräch über die Diskussionsleitung bis zum Prüfungsgespräch, im außerschulischen Bereich vom Bewerbungsgespräch über die Moderation von Konferenzen bis hin zu Talkshow oder Small Talk[14].

Für den schulischen Bereich ist Rhetorik zunächst eine Technik der möglichst effektiven Wissens- und Informationsvermittlung: Die Schüler erleben, wie der Lehrer mit einfachen rhetorischen Techniken, wie der Erzeugung von Aufmerksamkeit, der Veranschaulichung, der pädagogisch motivierten Wiederholung seinen Stoff vermittelt. Und die Schüler selbst halten aufgrund rhetorischer Empfehlungen – etwa Blickkontakt zu halten und möglichst frei zu sprechen – ihre Referate. Zentrales Anliegen dieser Konzeption ist die *Verständlichkeit*: Durch den Vortrag sollen die Zuhörer möglichst viel vom Thema verstehen. Unterstützt wird dies mit den Mitteln der Visualisierung: Neben Tafel und Folienprojektion über den Tageslichtprojektor werden zunehmend auch Flipcharts, Pinnwände, Lernplakate und computergestützte Präsentationstechniken angewandt. Neben diesem basalen Rhetorikverständnis sind zwei weitere Konzeptionen von Rhetorik zu unterscheiden.

Rhetorik ist nach Quintilians Definition *ars bene dicendi*, also die „Kunst gut zu sprechen". Dieser Tradition der Rhetorik, auch Eloquenzrhetorik genannt, geht es darum, nach den Regeln der Kunst einen möglichst formvollendeten Vortrag zu halten. Großes Gewicht wird auf die sprachliche Ausgestaltung (*elocutio*) gelegt, also auf den Redeschmuck, auf die Verwendung wirkungsvoller Stilfiguren. Diese Aspekte dürfen auch in einer praktischen Rhetorik nicht vernachlässigt werden, sie werden heute vor allem im Deutschunterricht gepflegt, wenngleich leider meist nur in schriftlicher

---

[13] Neuere, durchaus interessante Forschungsbereiche wie die „Bildrhetorik" oder die „Medienrhetorik" bleiben daher von dieser praktischen Rhetorik ausgeschlossen.

[14] Während die anderen Rede- und Gesprächsformen themenzentriert sind, stellt der Small Talk eine Sonderform dar: Hierbei ist das Thema beliebig, dient allenfalls als „Aufhänger" für ein Gespräch, in dem es primär um Unterhaltung und um die Beziehung zwischen beiden Gesprächspartnern geht.

Form: im Aufsatz oder im Aufspüren von Stilfiguren in Texten. Im Sinne dieser Eloquenzrhetorik ist eine Rede bereits gelungen, wenn sie ästhetischen Anforderungen genügt, also dem rhetorischen Regelwerk entspricht und dem Auditorium gefällt.

Dass diese beiden Ansätze in der Redepraxis zu kurz greifen, ist offensichtlich, denn sie berücksichtigen zu wenig, dass der Redner mit seiner Rede in der Regel auch ein Ziel verfolgt. Der Erfolg einer Rede ist demnach nicht daran zu messen, wie gut oder schön gesprochen wird, sondern daran, ob der Redner das selbst gesteckte Ziel erreicht. Die *ars persuadendi* als Überzeugungsrhetorik misst also den Erfolg der Rede daran, ob die beabsichtige Wirkung auch tatsächlich eintrifft, ob der Redner sein Auditorium von seinem Anliegen überzeugt hat. Ob dies rhetorischen Regeln oder stilistischen Erwartungen entspricht, ist demgegenüber zweitrangig. Ganz im Sinne dieser Tradition ist Rhetorik für Aristoteles die Fähigkeit, das Überzeugende oder „möglicherweise Glaubenerweckende"[15], das jedem Thema innewohnt, zu erkennen. Und Cicero charakterisiert die Rhetorik als eine „seelenwendende Königin"[16], die im Bewusstsein des Zuhörers einen Wandel[17] vollzieht.

Diese drei Ansätze von Rhetorik schließen sich gegenseitig nicht aus, sie ergänzen sich. Aus der Perspektive der Schüler bauen sie aufeinander auf: Andere verständlich informieren, dies nach Regeln und in angemessener sprachlicher Gestaltung, schließlich mit dem Ziel, den Zuhörer vom eigenen Anliegen zu überzeugen – diese drei Aspekte oder Erwartungen an die Rhetorik bilden durchaus eine sinnvolle pädagogische Abfolge.

Zum Abschluss dieser Theorieskizze sei daher der Begriff *Persuasion* umrissen, der gleichermaßen mit „Überzeugen" und „Überreden" übersetzt wird und daher auf den ersten Blick ambivalent erscheint. Doch im Grunde ist „Persuasion"[18] das zentrale Anliegen der Rhetorik. Gemeint ist zweierlei: einerseits der Sprechakt des Redners, der im Hinblick auf den Zuhörer ein Ziel verfolgt, andererseits das Ergebnis beim Zuhörer, also das Erreichen dieses Ziels. Ein persuasiver Akt ist geglückt, wenn ein mentaler Wechsel beim Zuhörer offenkundig geworden ist, wenn der Redner beim Zuhörer Unwissen, Ungewissheit oder Zweifel in einen Zustand der Überzeugtheit, einer zumindest subjektiven Gewissheit, verwandelt hat. Verändert wird (kurzfristig) die Meinung oder (längerfristig) die Einstellung, im weitestgehenden Fall das Verhal-

---

15 Aristoteles (1989, S. 12/I, 2,1/1355b); als Überzeugungsmittel nennt er „ethos", „logos" und „pathos" (1356a).

16 Cicero hier in der Tradition Platons, der Rhetorik als „Psychagogie" (Seelenleitung des Zuhörers durch den Redner) bezeichnet hat.

17 Dieser persuasive Wandel oder Wechsel ist nicht nur dann gegeben, wenn der Zuhörer auf spektakuläre Weise vom Gegenteil überzeugt wird. In den meisten Fällen dürfte dieser Wandel sachte und bescheiden ausfallen, etwa wenn Zweifel ausgeräumt werden: Überzeugungsarbeit ist auch dann schon geglückt, wenn der Zuhörer eine Bestätigung erhält, die ihm für den Zustand des Überzeugtseins bisher gefehlt hat.

18 Diese Darstellung folgt hier im Wesentlichen J. Knape 2000: Persuasion. Dieser Aspekt wird im Methodenteil wieder aufgegriffen und mit einer Kopiervorlage (s. KV Seite 122) näher erläutert.

ten – etwa im konkreten Handeln, beim Kauf eines Produkts oder bei der Wahl einer Partei usw.

Überzeugen heißt:
eine Änderung im Kopf des Zuhörers bewirken,
die seine Meinung, Einstellung oder sogar sein Verhalten betrifft.

Im Rahmen einer persuasiven Strategie[L] muss bedacht werden, wie der mentale Widerstand[L] des Zuhörers überwunden werden kann: durch die Glaubwürdigkeit[L] des Redners[L] (ethos), durch geeignete Argumente[L] (logos) und/oder durch die Affekte[L] (pathos), die er bei seinen Zuhörern bewirkt?

Überreden und Überzeugen sind zwei Sprechakte, die eine Meinungsänderung beim Zuhörer bewirken. Obwohl die Übergänge in der Praxis oft fließend sind, müssen beide Begriffe klar unterschieden werden, um redliche und unredliche Argumentationsweisen voneinander abgrenzen zu können[19]. *Überreden* wird der Sprechakt genannt, bei dem der Zuhörer nicht durch sachorientierte Argumentation, sondern durch psychologische Tricks zu einer „Einsicht" gebracht werden soll. *Überzeugen* ist der Sprechakt, der den Zuhörer ernst nimmt und darauf zielt, diesen durch Argumente zu einer neuen Einsicht zu führen. Wer wirklich überzeugen will, muss gegebenenfalls auch akzeptieren, dass der Zuhörer bei seiner Überzeugung bleibt oder zu einer anderen (als der vom Redner beabsichtigten) Überzeugung gelangt.

Dieses Hintergrundwissen für den Lehrer ist in der folgenden Kopiervorlage zusammengefasst, die stark vereinfacht die wesentlichen Punkte nennt. Je nach Wissensstand der Schüler und Unterrichtsziel kann er auf der Grundlage dieser Vorlage eigene Schwerpunkte setzen.

---

19 Ausführlicher im Kapitel 5 zur ethischen Dimension der Rhetorik

Definition

Rhetorik ist eine elementare kulturelle Leistung vor allem im Bereich der gesprochenen Kommunikation, bei der Menschen

- auf angemessene Weise in einer konkreten Situation,
- zu einem Thema, das Redner und Zuhörer miteinander verbindet,
- in bewusster, auf Wirkung bedachter Sprachgestaltung,
- den Mitmenschen ausgewählte Informationen vermitteln, um damit deren
- Zustimmung zum eigenen Anliegen zu erlangen.

Entsprechend der rhetorischen Situation bedienen sie sich dabei unterschiedlicher Rede- und Gesprächstechniken.

Rhetorik bezeichnet dreierlei:

- Fähigkeit, öffentlich zu sprechen (Begabung, Übung, Erfahrung)
- Wissenschaft oder Theorie der Rhetorik
- Praktische Rhetorik als Anleitung und Übung, die auf die Praxis zielt, z. B.:
  - Vorbereitung: sammeln, gliedern, formulieren, sich einprägen
  - Blickkontakt, Mimik, Gestik, Haltung
  - freies und spontanes Sprechen
  - Artikulation und Sprechtechnik
  - Visualisierung durch Präsentationstechniken

Drei Vorstellungen von Rhetorik (die sich gegenseitig ergänzen):

- Informationen verständlich vermitteln (z. B. bei Referaten in der Schule)
- nach rhetorischen Regeln gut sprechen (z. B. bei der Abiturientenrede)
- den Zuhörer überzeugen (z. B. in Meinungsreden oder Debatten)

Überzeugen heißt:

- Widerstände (auch: Zweifel, Desinteresse, Unwissen) des Zuhörers überwinden
- ihm das Bewusstsein vermitteln, dass das Anliegen des Redners berechtigt ist
- Änderung im Kopf des Zuhörers bewirken (Meinung, Einstellung, Verhalten)

Dabei muss unterschieden werden:

- Überzeugen (durch glaubwürdige Argumentation) und
- Überreden (durch unredliche Techniken!)

2. Modellbildungen zur Rhetorik

Viele Redesituationen und die aus diesen Erfahrungen abgeleiteten Regeln lassen sich leichter begreifen, wenn sie sich auf Kommunikationsmodelle zurückführen lassen, die unmittelbar einleuchten und die die elementaren Vorgänge beim Sprechen stimmig darstellen. Diese Modelle[1] werden mit ihren jeweiligen gedanklichen Voraussetzungen vorgestellt, um dem Lehrer die Entscheidung zu erleichtern, welches Modell er welcher rhetorischen Situation bzw. der entsprechenden Übungseinheit zugrunde legen möchte. Diese Modelle schließen einander nicht aus, sie bauen vielmehr aufeinander auf und ergänzen sich. Die wesentlichen Modelle stehen am Ende des Kapitels als Kopiervorlage für eine Folie zur Verfügung (s. Seite 41 – 44).

2.1 Aristoteles und das Dreieck der Rhetorik

Wer ein Referat halten oder andere mit seiner Rede überzeugen will, ist wohl beraten, sich über drei Fragen Klarheit zu verschaffen:

1. Was ist das *Thema*? Welche Sachverhalte müssen geklärt werden? Welche Inhalte müssen von der Sache her dargestellt werden.
2. Warum möchte ich als *Redner* überhaupt sprechen? Welche Rolle spiele ich, wie kompetent und wie glaubwürdig bin ich? Was ist mein Anliegen, was ist mein Redeziel?
3. Wer sind meine *Zuhörer*? Welche Voraussetzungen, Interessen und Erwartungen bringen sie mit? In welcher Beziehung stehen sie zu mir? Und was soll meine Rede bei ihnen bewirken?

Die Systematik dieser drei Vorüberlegungen geht zurück auf *Aristoteles* (384–322 v. Chr.), der in seiner „Rhetorik" ganz lapidar festgestellt hat:

> *Es basiert nämlich die Rede auf dreierlei: dem Redner, dem Gegenstand, über den er redet, sowie jemandem, zu dem er redet, und seine Absicht zielt auf diesen – ich meine den Zuhörer.*
>
> (Aristoteles 1989, S. 20 f., 1358 b)

Mit den drei Instanzen Redner, Thema und Zuhörer hat der Philosoph, Sprachwissenschaftler und Rhetoriklehrer – vermutlich ohne sich dessen bewusst zu sein – das älteste Kommunikationsmodell geschaffen, denn verknüpft man diese drei Punkte miteinander, so entsteht ein Dreieck (Gora 2001), das die Kommunikationsstruktur beim Sprechen nicht nur in ein anschauliches Bild bringt, sondern auch wesentliche rhetorische Begriffe und Zusammenhänge verdeutlicht (s. Abb 1).

[1] Neben Modellbildungen der Wissenschaft werden hier auch didaktisch-methodische Modelle, die heuristischen oder pädagogischen Zwecken dienen, vereinfachend als Modelle bezeichnet.

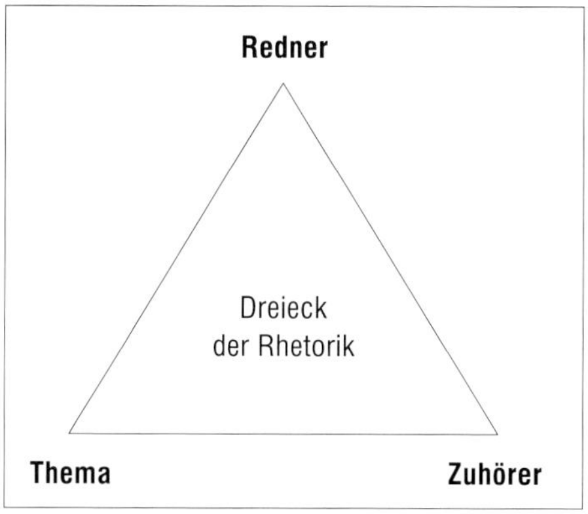

Abb. 1

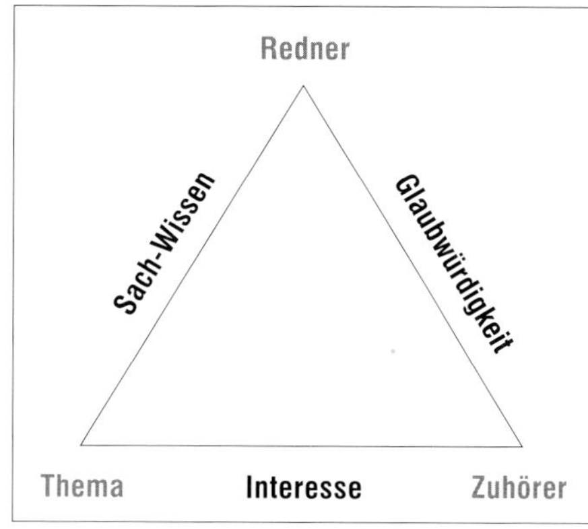

Abb. 2

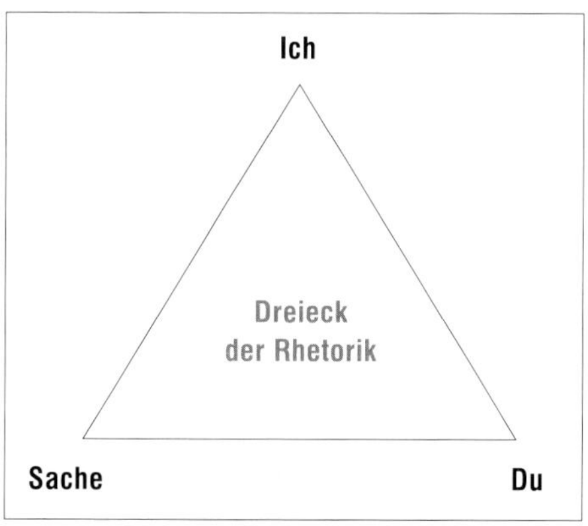

Abb. 3

Notwendige Voraussetzungen für eine erfolgreiche Rhetorik sind die Beziehungen zwischen den einzelnen Instanzen. Der Redner muss sich gut vorbereiten, er muss kompetent sein, also im Hinblick auf das Thema über Sach-Wissen[2] verfügen. Für die Zuhörer muss er dagegen vor allem glaubwürdig sein.[3] Darüber hinaus ist es seine Aufgabe, den Zuhörer zum Thema hinzuführen, also sein Interesse zu wecken. Kurzum: Sachwissen, Glaubwürdigkeit und (das Wecken von) Interesse sind eine erste Voraussetzung für erfolgreiches Sprechen (s. Abb. 2).

[2] Im Hinblick auf den nachfolgend eingeführten Begriff des „sachorientierten Sprechens" ist in diesem Zusammenhang der Begriff „Sachwissen" der Bezeichnung Fachwissen vorzuziehen; zu bedenken ist auch die sich am Lateinischen orientierende Vereinfachung Thema = Sache (res).

[3] Kompetenz garantiert nicht automatisch Glaubwürdigkeit; umgekehrt kann es sogar vorkommen, dass Glaubwürdigkeit trotz geringer Kompetenz gegeben ist.

Diese drei Instanzen lassen sich (besonders für Schüler der Unter- und Mittelstufe) vereinfachend als Ich, Du und Sache bezeichnen (s. Abb. 3). So ist Peter in der 6. Klasse, der ein Referat über Caesar hält, das Redner-Ich, seine Mitschüler sind nicht das kollektive „Ihr", sondern ein vielfaches „Du", das sich von Peter durch Anrede sowie Blickkontakt, Mimik und Gestik jeweils persönlich[4] angesprochen fühlt. Das Referatsthema ist die Sache, die Peter und die Klasse verbindet, sodass in dieser Vereinfachung festgehalten werden kann: Das Ich spricht zum Du über eine gemeinsame Sache.

Dieses Modell hat sich im Hinblick auf das Referatehalten bestens bewährt, denn es führt zu folgenden Überlegungen: Woran soll sich Peter denn bei der Ausrichtung seines Referats orientieren: an seinem persönlichen Interesse, indem er etwa ohne Rücksicht auf die Mitschüler sein Steckenpferd reitet oder das Referat vor allem für den Lehrer hält, um eine gute Note zu ergattern, dabei aber zwangsläufig seine Mitschüler überfordert? Oder soll er sich an seinen Mitschülern (also ihren Voraussetzungen, Interessen und Erwartungen) orientieren? Oder soll sich Peter vorrangig am Thema selbst orientieren, also möglichst viele Informationen zum Thema vermitteln? Diese Problematik lässt sich durch die folgenden Begriffe veranschaulichen, die – leicht überzeichnet – drei Grundhaltungen des Redners bezeichnen.

- Ich-orientiertes Sprechen: *Ich kümmere mich weder ernsthaft ums Thema noch um die Zuhörer. Ich nutze die Gelegenheit, um mich darzustellen oder um das loszuwerden, was mir auf der Seele brennt.*
- Du-orientiertes Sprechen: *Bei der Vorbereitung berücksichtige ich die Voraussetzungen, Interessen und Erwartungen meiner Zuhörer: Wie lange darf ich sprechen, ohne sie zu überfordern oder zu langweilen? Welche Informationen und Beispiele sind notwendig, damit meine Zuhörer verstehen, was für sie relevant ist?*
- Sachorientiertes Sprechen: *Ich bringe alles, was vom Thema her wichtig ist. Dabei stelle ich Einzelheiten möglichst vollständig und genau dar. Dass mein Vortrag die Zuhörer überfordert, nehme ich in Kauf. Hauptsache, das Thema ist korrekt behandelt.*

Die Schüler begreifen erfahrungsgemäß rasch, dass ein Referat möglichst nicht ich-orientiert sein sollte; aber ob sich das Referat vorrangig am Thema oder am Zuhörer

[4] Im Sinne von „tua res agitur": Um dich geht es, deine Sache wird hier verhandelt!

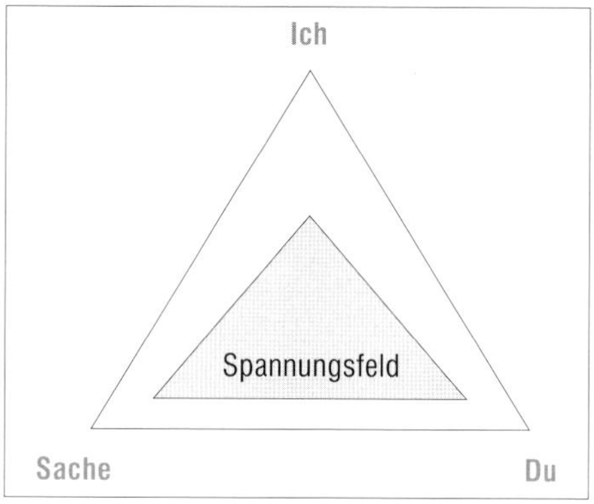

Abb. 4

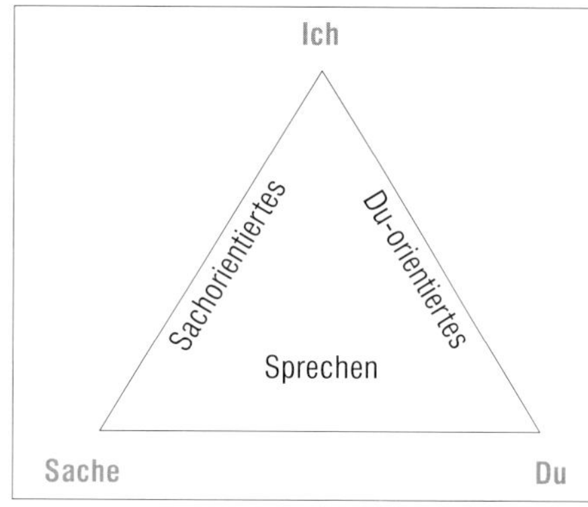

Abb. 5

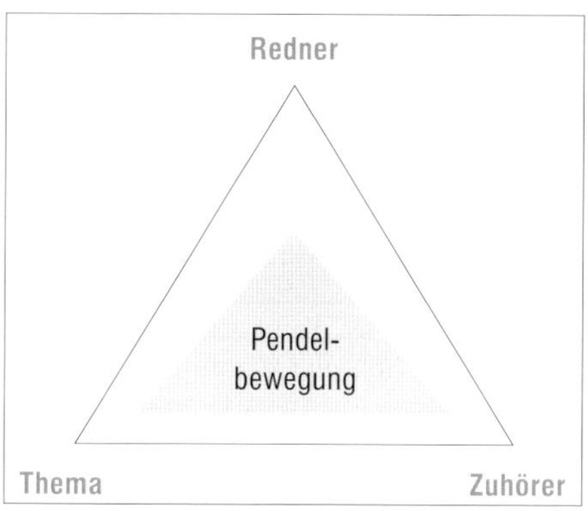

Abb. 6

orientieren soll, ist nicht einfach zu entscheiden. Dieses Dilemma lässt sich am einfachsten als ein Spannungsfeld (s. Abb. 4 und FV Seite 41) begreifen: Erfolgreiches Sprechen findet statt im Spannungsfeld zwischen du- und sachorientiertem Sprechen (s. Abb. 5). Peter sollte zunächst du-orientiert sprechen, um das Interesse seiner Mitschüler zu wecken und um sie zum Thema hinzuführen. Dann wird er eine Zeit lang sachorientiert sprechen, um möglichst viel von den Sachinhalten zu vermitteln. Wird die Information zu dicht oder der Stoff zu trocken, wird er ein besonders spannendes Beispiel erzählen oder einen schwierigen Sachverhalt visualisieren, um seine Zuhörer nicht zu überfordern. Sein Referat wird also in einer Art Pendelbewegung zwischen du- und sachorientiertem Sprechen hin und her wechseln (s. Abb. 6). Das Spannungsfeld wird in der Balance gehalten durch zwei sich ergänzende Regeln: *Sprich nur so sachorientiert wie nötig!* Und: *Sprich so du-orientiert wie möglich!*

Diesen Grundregeln lassen sich weitere Regeln hinzufügen. Der Verfasser selbst empfiehlt in seiner „Schule der Rhetorik" (Gora 2001, S. 13) fünf Regeln in der folgenden Reihenfolge:

1. Sprich nur so sachorientiert wie nötig!
2. Sprich verständlich in Wortwahl und Satzbau, auch mithilfe von Visualisierungen!
3. Sprich strukturiert!
4. Sprich möglichst frei!
5. Sprich so du-orientiert wie möglich!

Diese fünf Regeln lassen sich nun in das Spannungsfeld integrieren: Die Reihenfolge suggeriert eine Bewegung auf den Zuhörer zu, eine systematische Entwicklung vom sach- zum du-orientierten Sprechen.

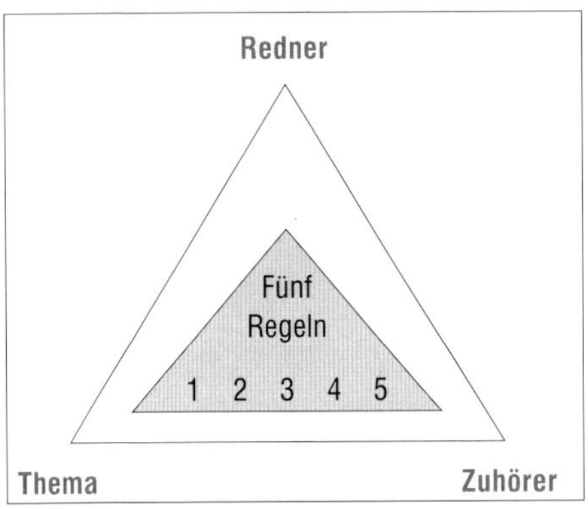

Abb. 7

Dies entspricht auch dem Anliegen von Aristoteles: Seine Rhetorik zielt auf den Zuhörer!

Während die obigen Modelle durch die Positionsverteilung besonders für Sachvorträge und Referate geeignet sind, um das Spannungsfeld zwischen du- und sachorientiertem Sprechen zu veranschaulichen, lässt sich das Dreieck auch so konstruieren, dass der Redner im Sinne eines Kommunikationsmodells links, der Zuhörer rechts platziert wird. Das Thema gerät somit in eine Mittelposition: Es verbindet beide, denn erster spricht, worüber letzter etwas erfahren möchte. Diese Konstruktion ist das Basismodell, das nach der Einführung in die Referatstechnik allen weiteren theoretischen Überlegungen zugrunde gelegt werden sollte. Es ist darüber hinaus in der Anordnung der drei Instanzen identisch mit dem Bühlerschen Organon-Modell (s. Kap. 2.3, S. 34 und FV, Seite 43) und veranschaulicht zweierlei:

1. das Prinzip der *Angemessenheit*[L] in der rhetorischen Situation (s. FV Seite 42):

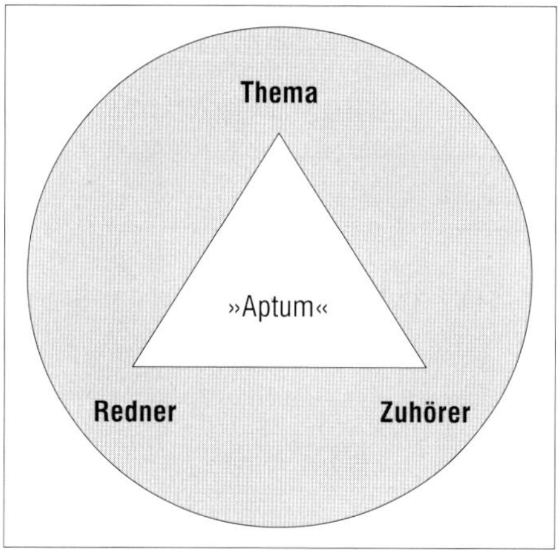

Abb. 8

Wer die jeweilige Rede-Situation in ihrem Zusammenspiel von Anlass (Ort, Zeit) sowie Redner, Thema und Zuhörer nicht erfasst, wird sich schwertun, angemessen zu sprechen und zu reagieren.

2. den (häufig inflationär und unscharf verwendeten) Begriff der „*Botschaft*[L]":

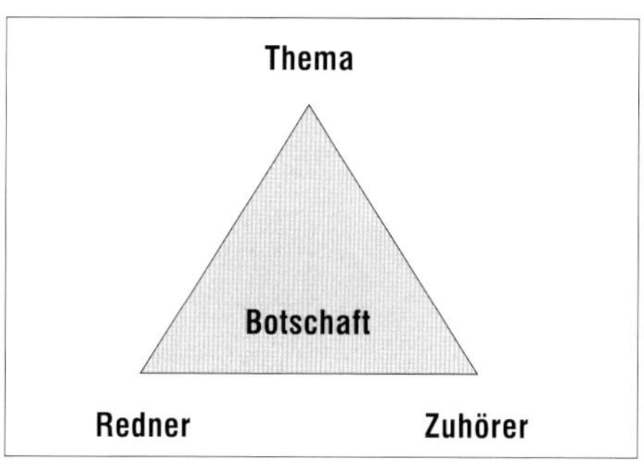

Abb. 9

Botschaft ist in dieser Veranschaulichung das Anliegen des Redners, die zentrale Aussage zum Thema und der Bewusstseinsinhalt, der durch den Redetext beim Zuhörer bewirkt wird.

Das Dreieck ist auch Grundlage für das Modell der „themenzentrierten Interaktion" (tzi)[5]. Dieses Modell eignet sich im Bereich der Gesprächsrhetorik besonders für Diskussionen, Verhandlungen oder für das so genannte „Klassenparlament".

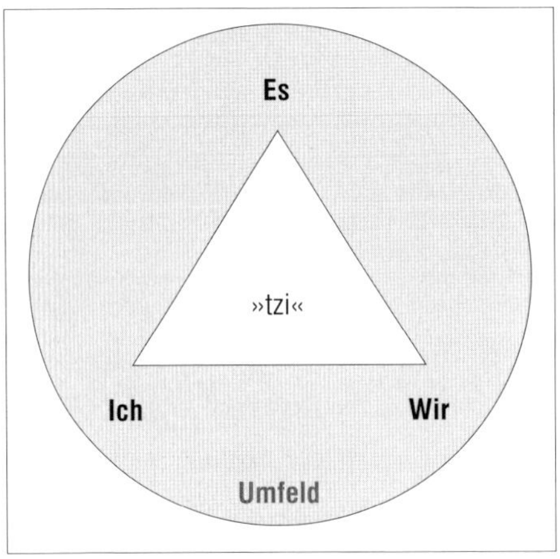

Abb. 10

Das „Es" steht in diesem Modell nicht nur für Thema, Aufgabe oder Ziel der Gruppe. Das „Ich" sind die einzelnen Gesprächsteilnehmer, während das „Wir" das Miteinander der Gesprächsteilnehmer meint, also die Interaktion[6] der Gruppe. Die Redesituation wird bei tzi recht weit gefasst, als das organisatorische, strukturelle, soziale, politische, kulturelle, sogar ökologische Umfeld der Gruppe (Globe). Nach dem tzi-Verständnis wird das Thema von allen vier Faktoren beeinflusst, nicht nur vom „Es". Für die Gesprächsrhetorik von Interesse sind die mit dem Modell eng verbundenen Postulate (1. Sei deine eigene Chairperson, die Chairperson deiner selbst! 2. Störungen haben Vorrang! und neuerdings 3. Verantworte dein Tun und Lassen – persönlich und gesellschaftlich!) und Hilfsregeln (z. B.: Sprich per Ich und nicht per Wir oder per Man!). Der tzi-Ansatz ist vor allem dann fruchtbar, wenn er nicht nur als Werkzeug des Diskussionsleiters verstanden wird, sondern als ein Impuls für jeden Gesprächsteilnehmer, sich mit dem eigenen Anliegen in die Gruppe einzubringen und damit auch Thema und Ergebnis des Gesprächs zu beeinflussen.

Jeder Lehrer sollte bedenken, welche Erkenntnisfunktion die einzelnen Modelle erfüllen, und zielgerichtet das Modell auswählen, das zur geplanten Unterrichtseinheit passt.

---

5 1975 unter dem Titel „Von der Psychoanalyse zur themenzentrierten Interaktion" erstmals in Deutschland von der Psychologin Ruth Cohn vorgestellt; in der Folge auch durch weitere Therapeuten weiterentwickelt.

6 Damit wird auch deutlich, dass es sich hierbei um ein Kooperationsmodell handelt, in dem das Ich zugleich auch Teil des Wir ist. In einem Kommunikationsmodell steht das Redner-Ich der Zuhörergruppe gegenüber!

2.2 *docere – delectare – movere* als elementare Textfunktionen

Woran aber kann der Redner den Erfolg seiner Rede oder seines Referats messen? Welche Funktionen sollte sein Sprechen erfüllen? Vor allem: Welche Wirkungen will er beim Zuhörer erzielen? Von dem vollkommenen Redner hatte *Cicero*[7] (106–43 v. Chr.) verlangt, dass er „beweist, dass er unterhält, dass er beeinflusst". In seiner Rhetorik entwickelte er – zunächst noch unter wechselnden Bezeichnungen – diesen Gedanken weiter und schließlich kristallisierten sich *docere*, *delectare* und *movere* als die drei *Hauptaufgaben des Redners*[8] heraus (s. Abb. 11). Daran knüpfte *Horaz*[9] (65–8 v. Chr.) an, als er *prodesse et delectare* als Aufgabe des Dichters definierte; in der Redewendung „das Angenehme mit dem Nützlichen verbinden" wurde dieser Gedanke popularisiert und von der Literatur auf andere Lebensbereiche übertragen. Nachdem Cicero selbst gelegentlich auf die nahe Verwandtschaft von Rhetorik und Dichtkunst hingewiesen hatte, wurde die Trias von den Wirkungsfunktionen des Redners in der Spätantike zum Gemeinbesitz von Rhetorik und Literatur und über Quintilian, Augustinus und Luther der Neuzeit überliefert. Redner wie Schriftsteller wollen demnach – mit unterschiedlicher Schwerpunktsetzung – ihre Zuhörer- bzw. Leserschaft über einen Sachverhalt unterrichten, gleichzeitig möchten sie diese aber auch unterhalten und zu neuen Denk- oder Handlungsweisen bewegen. *Informieren*, *Unterhalten* und *Appellieren* sind daher – modern ausgedrückt – die pragmatischen Grundfunktionen eines jeden rhetorischen und literarischen Textes – knapp 2000 Jahre vor der Begründung der Sprechakttheorie.

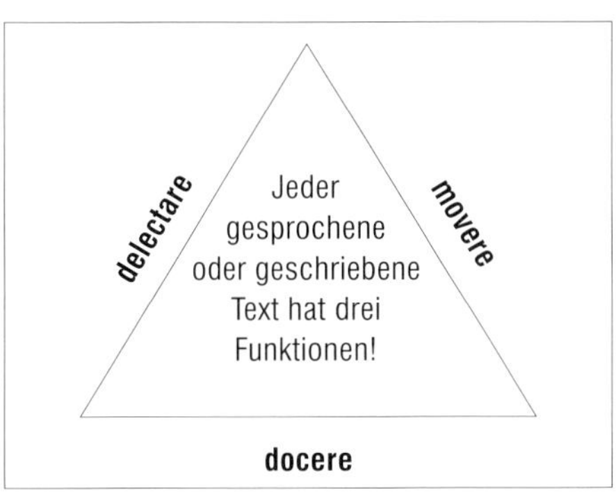

Abb. 11

[7] „ut probet", „ut delectat", „ut flectat" (zit. nach: Cicero 1975: Der Redner. Übers. von Bernhard Kytzler. München. S 21 und 69)

[8] In der römischen Rhetorik „officia oratoris" genannt

[9] „Ars poetica", Vers 343. In: H. Färber (Hg.) 1979: Sämtliche Werke. München

2.3 Karl Bühlers Organon-Modell und die Sprechakttheorie

1934 hat der Psychologe *Karl Bühler*[10] (1879–1963) Kommunikation durch eine verblüffend einfache Strichzeichnung dargestellt, die an das Modell von Aristoteles erinnert (s. FV Seite 43).

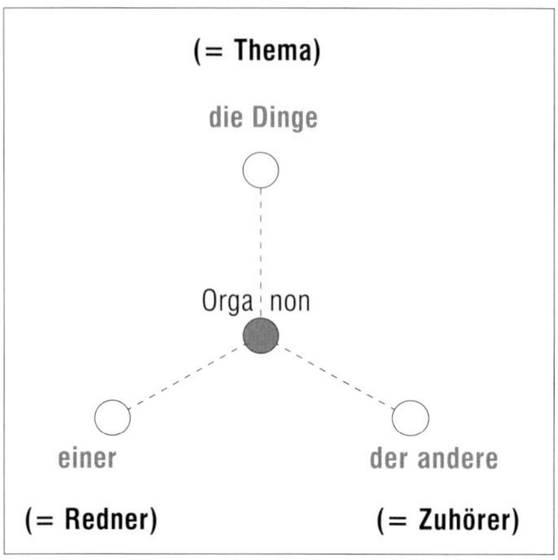

Abb. 12

Im Gegensatz zu Aristoteles stellt er aber das sprachliche Zeichen – das geschriebene wie das gesprochene Wort – in den Mittelpunkt seiner Überlegungen. Durch das Zeichen werden Gegenstände und Sachverhalte dargestellt. Gleichzeitig bringt der Sender durch das Zeichen seine innere Einstellung zum Ausdruck und er appelliert an den Empfänger. Sprache wird also mit Verweis auf Platon[11] als Werkzeug aufgefasst, um die drei Grundfunktionen Darstellung, Ausdruck und Appell auszuführen. Indem es die Funktionen Ausdruck dem Sender und Appell dem Empfänger zuordnet, ist mit Bühlers Organon-Modell ein taugliches Kommunikationsmodell entstanden.

---

10 Bühler 1999, S. 25 und 28. Das Modell wurde 1934 erstmals publiziert.

11 Platon bezeichnete die Sprache im Dialog Kratylos als Werkzeug (Organon). S. Platon o. J.: Sämtliche Werke in drei Bänden. Übers. v. Julius Deuschle. 389a-390a. Heidelberg

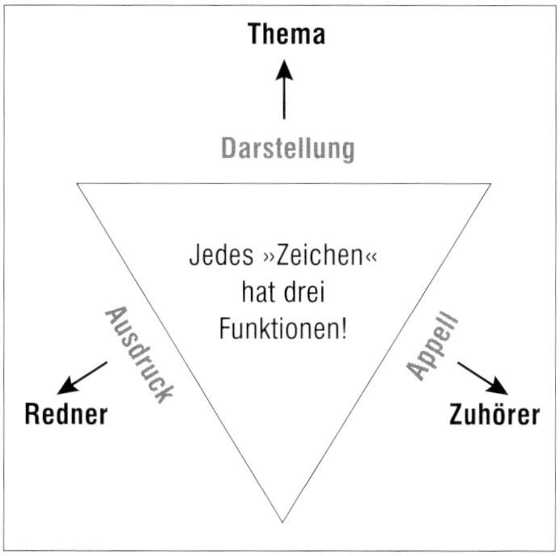

Abb. 13

Während Darstellung und Appell in etwa den antiken Funktionen docere und movere entsprechen, wurde in diesem wie in den nachfolgenden Modellen allerdings die wichtige Funktion des delectare fallen gelassen (bzw. stillschweigend in die Ausdrucks- oder in die Appellfunktion integriert)!

Neben dem Organon-Modell hat Bühler einen weiteren wichtigen Anstoß für das Verständnis von Kommunikation gegeben: die Sprechakttheorie[12]! Bereits in seinen drei zentralen Sprachfunktionen deutet sich an, dass Sprechen immer zugleich auch Handeln ist. Das Erkennen und Unterscheiden von Sprechakten ist im Rahmen der praktischen Rhetorik ein wichtiges Hilfsmittel, um Äußerungen des Gesprächspartners besser einschätzen zu können und um eigene Äußerungen bewusster zu formulieren. Unübersichtlich (und für Schüler eine Überforderung) sind allerdings die bisherigen Versuche[13], Sprechakte zu klassifizieren. Einfacher und für Schüler durchaus plausibel ist es dagegen, Sprechakte in drei groben Gruppen zu klassifizieren, die sich an den drei Instanzen Redner, Thema und Zuhörer orientieren:

[12] Bühler (1999), S. 48; s. Anm. 10; 1962 und 1969 von Austin und Searle aufgegriffen und auf unterschiedliche Weise klassifiziert.

[13] Nach Austin und Searle auch Vanderveken & Searle (1983), Ballmer & Brennenstuhl (1983), M. Ulkan (1993)

Am Redner orientiert	Am Thema orientiert	Am Zuhörer orientiert
– seine Gefühle (Freude, Trauer) zum Ausdruck bringen – seine Haltung zum Thema (Zustimmung, Distanz, Zurückhaltung, Ablehnung) zum Ausdruck bringen – sich offenbaren (outen) – sich rechtfertigen – sich entschuldigen – sich distanzieren – sich identifizieren – sich profilieren – befürchten – gestehen/zugeben ...	– darstellen, informieren – definieren – erklären/erläutern – deuten/interpretieren – auf- oder abwerten – These aufstellen – begründen – veranschaulichen – Beispiele anführen – kritisieren – entlarven – zur Diskussion stellen – in Frage stellen – erzählen (narratio) ...	– unterhalten – appellieren – auffordern/befehlen – zuraten/empfehlen – ermutigen – abraten/warnen – überzeugen/überreden – loben/schmeicheln – provozieren – beleidigen – einschüchtern/drohen ...

Die Einsicht, dass mit Äußerungen Sprechakte vollzogen werden, ist von einem nicht zu unterschätzenden Wert für die praktische Rhetorik.

2.4 Weiterentwicklungen: vom Dreieck übers Quadrat zum Pentagon

Einige Jahrzehnte später war es wieder ein Psychologe, der auf einen weiteren – bis dahin kaum beachteten – Aspekt hinwies. *Paul Watzlawick*[14] (1921–2007) hatte 1967 festgestellt, dass jede Information auch einen Hinweis darauf enthält, „wie der Sender sie vom Empfänger verstanden haben möchte. Sie definiert also, wie der Sender die *Beziehung* zwischen sich und dem Empfänger sieht, und ist in diesem Sinn seine persönliche Stellungnahme zum anderen."

Diese Entdeckung des Beziehungsaspektes ermöglichte es 1981 einem weiteren Psychologen, aus dem Bühler'schen Dreieck ein Viereck zu konstruieren.

[14] Watzlawick 1990, S. 53-56. Das Modell wurde 1967 erstmals publiziert.

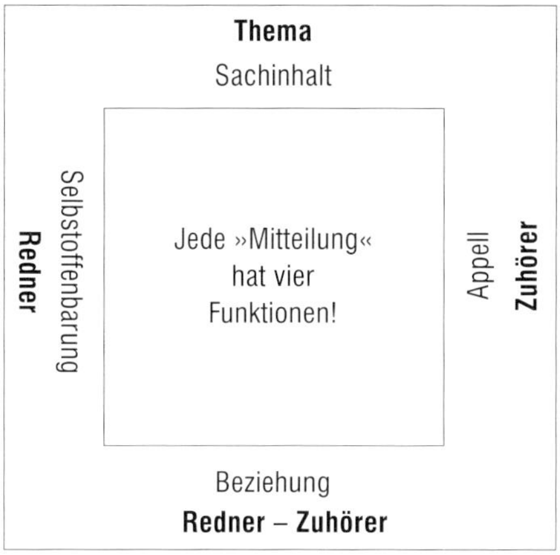

Abb. 14

Quelle: nach Friedemann Schulz von Thun: Die vier Seiten einer Nachricht. Aus Friedemann Schulz von Thun: Miteinander reden. 1. Störungen und Klärungen. Allgemeine Psychologie der Kommunikation. Copyright © 1981 by Rowohlt Taschenbuch Verlag GmbH, Reinbek bei Hamburg

Friedemann Schulz von Thun (geb. 1944) nannte – ohne genau das Gleiche zu meinen – die Ausdrucksfunktion Selbstoffenbarung (auch Selbstkundgebung) und schuf mit dem Nachrichtenquadrat (Abb.14) das wohl plausibelste und im schulischen Bereich zurzeit gängigste Kommunikationsmodell. Die vier Seiten einer Nachricht umfassen bei Schulz von Thun die Funktionen Sachinhalt, Selbstoffenbarung, Beziehung und Appell (Schulz von Thun 1998, S. 25–30). Da diese vier Funktionen in jeder Nachricht enthalten sein können, fordert er den Zuhörer auf, grundsätzlich „mit vier Ohren" zuzuhören, jede Nachricht also auf diese vier Funktionen hin zu überprüfen. Es mag dahingestellt sein, ob vier Ohren ein stimmiges Bild sind, diese Metapher hat aber zur Popularisierung des Modells beigetragen. Gewichtiger ist der Einwand, ob der Beziehungsaspekt wirklich eine neue Dimension darstellt, die eine eigene Seite im Nachrichtenquadrat rechtfertigt: Ist nicht im Organon-Modell bereits der Beziehungsaspekt impliziert? Denn wie sollten Sender und Empfänger ohne eine Beziehung miteinander kommunizieren können? Dem wäre entgegenzuhalten, dass das Nachrichtenquadrat gerade das explizit benennt und grafisch darstellt, was im Bereich der Rhetorik von größter Bedeutung ist: die Beziehung zwischen Redner und Zuhörer.

So ist im 20. Jahrhundert unter dem Einfluss der Psychologie aus der antiken Rhetorik und Dichtungstheorie ein Kommunikationsmodell entstanden, das nicht nur für das Sprechen, sondern auch für das Zuhören – und damit im Rahmen der Gesprächsrhetorik – von größter Bedeutung ist.

Allerdings wird auch im Nachrichtenquadrat eine wichtige Funktion nicht explizit genannt, die für die Antike ganz selbstverständlich war und in der Kommunikation der Moderne ständig greifbar ist: die Unterhaltung! Wird nicht in der Vielzahl der Alltagsgespräche und in den Medien mit dem vorrangigen Ziel kommuniziert, den anderen bzw. das Publikum zu unterhalten? Selbst wenn es um reine Wissensvermittlung geht: Ist diese nicht annehmbarer und eingängiger, wenn sie auf unterhaltsame Weise dargeboten wird? Und wenn in heftigen Auseinandersetzungen Konflikte bewältigt werden sollen: Kann Humor (als eine Spielart des delectare) nicht entwaffnender sein als das härteste Argument? Verbindet man nun die obigen Funktionen mit der in der antiken Rhetorik so wichtigen Funktion des delectare, so ergibt sich in der grafischen Veranschaulichung folgerichtig[15] ein Pentagon (zuerst vorgestellt in Gora 2004 b).

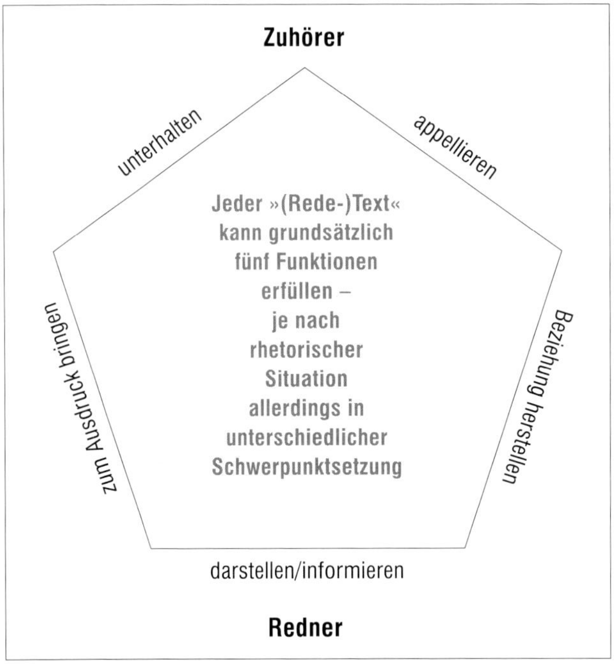

Abb. 15

Dieses Modell (s. auch FV Seite 44) erhält seine Gestalt von den fünf Textfunktionen, die seit der Antike bis ins 20. Jahrhundert von Rhetorik und Literaturwissenschaft, von Psychologie und Kommunikationswissenschaft in vielen Schritten und Denkoperationen herausgearbeitet worden sind.

- Inhalte darstellen/informieren (docere): Zunächst einmal wird es immer Hauptaufgabe des Redners sein, seine Zuhörer über einen bestimmten Sachverhalt zu informieren: Beim Referat bildet diese rationale Funktion eindeutig den Schwerpunkt; auch bei der Meinungsrede steht die Informationsvermittlung noch im Vordergrund, wenngleich das movere bereits eine gewichtige Rolle spielt; lediglich bei der Festrede dürfte es gelegentlich vorkommen, dass die Information hinter der Unterhaltungsfunktion zurücktritt.

---

15 Zur gleichen Veranschaulichung gelangt man, wenn man die drei Textfunktionen docere – delectare – movere in einen kommunikativen Zusammenhang stellt: Der Redner als Kommunikationsinstanz bringt seine Gedanken und Gefühle zum Ausdruck und stellt eine Beziehung zum Zuhörer her.

- Gefühle oder Haltung zum Ausdruck bringen: Bewusst oder unbewusst bringt der Redner durch seine Vortragsweise seine Einstellungen, seine Gefühle, seine innere Anteilnahme zum Ausdruck. Im Idealfall verleiht er seinen Ausführungen durch genau diesen Ausdruck ein hohes Maß an Glaubwürdigkeit. Ohne diese emotionale Funktion ginge der Rede das Überzeugungsmittel des Ethos verloren.
- Beziehung herstellen: Durch seinen Vortrag stellt der Redner aber auch eine Beziehung zu seinen Zuhörern her. Blickkontakt, Mimik und Gestik sind nur die offenkundigen körpersprachlichen Äußerungen, um diese Zuwendung herzustellen und zu erhalten. Nicht minder wichtig ist die inhaltliche Seite: Indem er die Zuhörer in ihren Voraussetzungen, Interessen und Erwartungen ernst nimmt, indem er sie freundlich, wohlwollend und vor allem persönlich anspricht, stellt der Redner eine positive Beziehung zu den Zuhörern her. Durch diese soziale Funktion lassen sich Informationen leichter vermitteln.
- Unterhalten: Wenn es dem Redner durch seine Vortragsweise (und die ihr zugrunde liegende Geisteshaltung) gelingt, seinen Zuhörern nicht nur Informationen, sondern auch einen ästhetischen Genuss zu bieten, werden die Zuhörer aufmerksamer, wohlwollender und länger zuhören. Diese Unterhaltungsfunktion kann durch unterschiedliche Mittel erfüllt werden, etwa durch Humor, Treffsicherheit des Ausdrucks oder spannende Darstellungen.[16]
- Appellieren (movere): Schließlich bewegt der Redner durch seinen Redebeitrag die Zuhörer zur Übernahme neuer Meinungen oder Einstellungen, zu neuen Verhaltensweisen oder zum konkreten Handeln. Ohne diese Appellfunktion wäre der Sinn von Reden selbst infrage gestellt; denn wozu sollte sie gehalten werden, wenn nicht mit dem Ziel, beim Zuhörer eine mentale Veränderung zu bewirken? Die weitestgehende Funktion des Appells ist die Persuasion.

Zur grafischen Anordnung dieser Funktionen: Die Information bildet die Grundseite des Fünfecks; die Information ist normalerweise Ausgangspunkt einer jeden Kommunikation. Und diese Information geht vom Redner aus, denn er weiß etwas, was die Zuhörer noch nicht wissen. Mit einer Steigerung von links nach rechts entsprechen sich auch die einzelnen Schenkel: Der authentische Ausdruck ist Voraussetzung für eine stimmige Beziehung, der emotionale Aspekt geht dem sozialen voraus. Auch die beiden Funktionen, die direkt auf den Zuhörer zielen, lassen eine Steigerung erkennen: Nach antiker rhetorischer Tradition ist die mittlere Stil-Lage des *delectare* der hohen, oft pathetischen des *movere* untergeordnet. Ähnliches gilt auch für den zeitlichen Ablauf: Der Appell folgt in aller Regel gegen Schluss der Rede auf die Unterhaltung.

Dass die vier Funktionen Ausdruck und Beziehung sowie Unterhaltung und Appell selbst bei einem reinen Sachvortrag eine gewichtige Rolle spielen, fällt interessanterweise besonders dann auf, wenn sie einmal fehlen. Kann ein Sachvortrag erfolgreich

[16] Ein weitverbreitetes Missverständnis ist, dass sich der Begriff „Unterhaltung" nur auf erheiternde Inhalte erstreckt, auch die Darstellung dramatischer oder erschütternder Inhalte kann Unterhaltungsfunktion haben.

sein, wenn die Zuhörer nicht erkennen, wie der Redner selbst zum Thema steht, wenn sie sich nicht angesprochen fühlen, wenn sie keinerlei Vergnügen beim Zuhören empfinden und wenn sie am Schluss ratlos sind, was sie nun denken oder gar tun sollen?

Gegen dieses Modell könnte eingewandt werden, dass man aus den drei Instanzen Redner, Thema und Zuhörer keine fünf Funtionen ableiten könne und dass „Beziehung" und „Unterhaltung" eigentlich anderen Funktionen subsumiert werden können. Dieser Einwand mag aus wissenschaftstheoretischer Hinsicht berechtigt sein, daher beansprucht das Pentagon nicht den Rang eines Kommunikationsmodells neben den Dreiecken von Aristoteles und Bühler. Für die praktische Arbeit mit Schülern hat es sich allerdings als hilfreich erwiesen, um grafisch anschaulich darzustellen, worauf bei einem Redebeitrag geachtet werden muss.

Kommunikationsmodell (Def.): (lat. communicatio: Mitteilung, Verständigung; lat. communicare: gemeinsam machen, vereinigen) Bezeichnung für die vereinfachte, abstrahierende und idealisierende Darstellung (Modell) der Instanzen und Strukturen, die für Kommunikation, d. h. für die Koordination des Verhaltens zwischen Interaktionspartnern, kennzeichnend sind.
Zur Erklärung und begrifflichen Repräsentation der beobachtbaren Kommunikationsphänomene sind verschiedene Modelle und Metaphern entwickelt worden. Die verbreitetste Vorstellung ist das Container-Modell, dem zufolge eine Botschaft, ein Inhalt oder eine Bedeutung in einer Nachricht, einer Zeichenfolge, einem Signal oder Symbol enthalten ist.
Damit ist zugleich die Ansicht verbunden, der Absender einer Nachricht habe seine Botschaft in Form von Zeichen oder Symbolen verschlüsselt, die vom Adressaten lediglich wieder entschlüsselt werden müssten, um die Botschaft in ihrer originären Form zu erhalten. Das impliziert, dass Absender und Adressat über gemeinsames Wissen und ein gemeinsames Zeichen- oder Symbolsystem verfügen müssen, damit Kommunikation gelingen kann. Damit ist die Vorstellung der notwendig gleichen Voraussetzungen für Kommunikation und der Schaffung von immer weiterer Gemeinsamkeit durch Kommunikation angesprochen.[17]

[17] Zit. nach: Gebhard Rusch 2004: Kommunikationsmodell. In: Ansgar Nünning (Hg.): Metzler Lexikon. Literatur- und Kulturtheorie. Ansätze – Personen – Grundbegriffe. Stuttgart. S. 335

FOLIENVORLAGE

Bei Referat und Sachvortrag: Von der Sach- zur Du-Orientierung

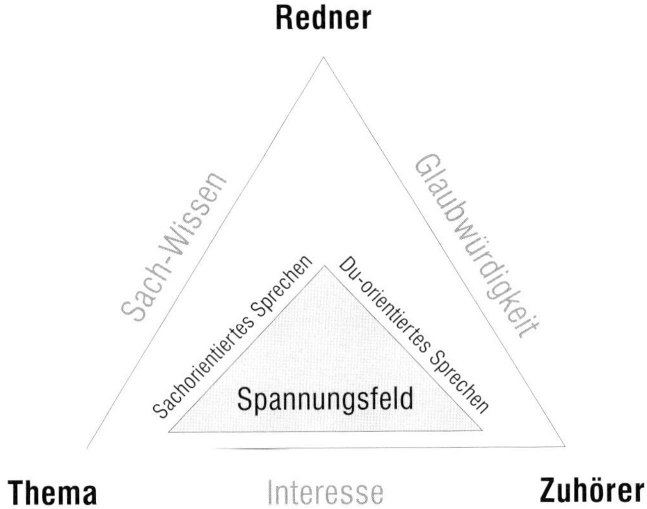

Bereite dich gut vor (Sachwissen).
Sei für deine Zuhörer glaubwürdig.
Führe sie zum Thema hin (Interesse).

Sprich nur so sachorientiert wie nötig!
Sprich möglichst du-orientiert.

FOLIENVORLAGE

„Basismodell" der rhetorischen Kommunikation

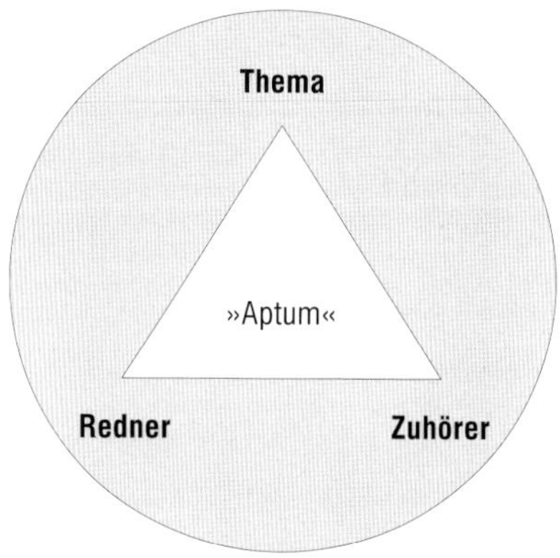

Angemessenheit: das richtige Verhältnis zwischen Redner, Thema und Zuhörer in der konkreten rhetorischen Situation (Anlass, Ort und Zeit)

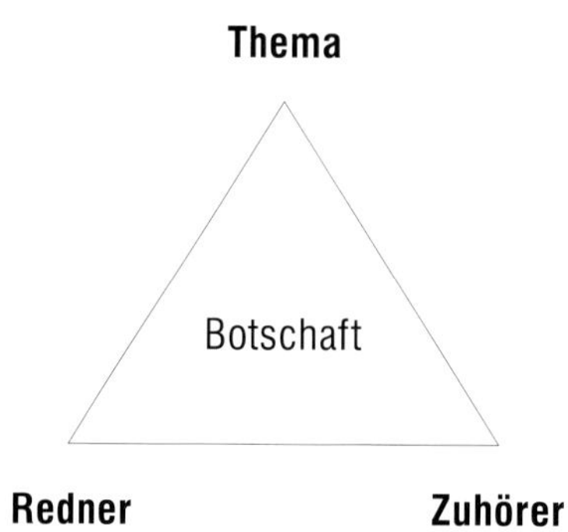

Botschaft ist dreierlei:
1. die zentrale Aussage zum Thema,
2. das Anliegen des Redners und damit
3. sein Redeziel: die Zustimmung des Zuhörers

FOLIENVORLAGE

Sprache als „Werkzeug“: das Organon-Modell von K. Bühler

Kommunikation ganz einfach erklärt:

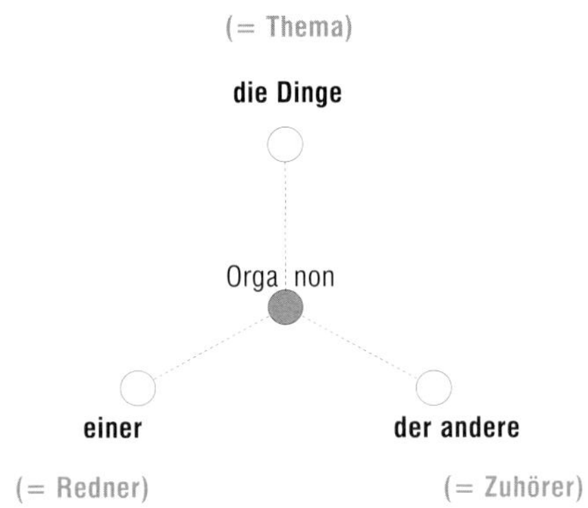

Einer (z. B. der Redner) spricht zum anderen (z. B. Zuhörer oder Gesprächspartner) über die Dinge der Welt (Thema).

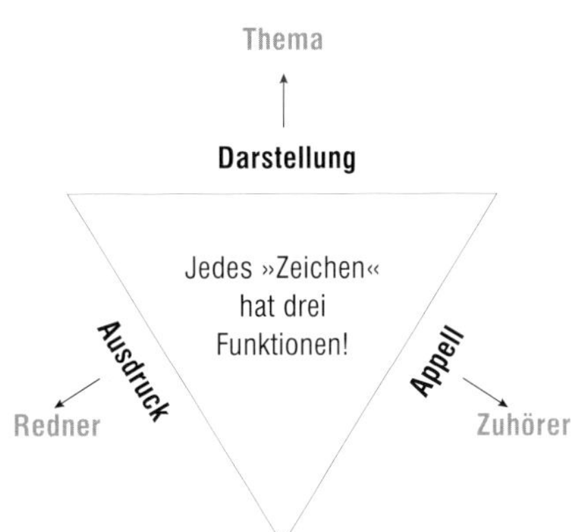

Die Zeichen (z. B. des Redetextes) haben drei Funktionen:

- Ausdruck („Symptom, insofern es die Innerlichkeit des Senders ausdrückt“)
- Appell („Signal“, insofern es an den Empfänger appelliert) und
- Darstellung („Symbol“, insofern es sich auf Gegenstände und Sachverhalte der Wirklichkeit bezieht).

FOLIENVORLAGE

Das Pentagon der Sprachfunktionen: Wie ein Redner fünffach „handeln" kann

Jeder Redetext kann fünf Funktionen erfüllen, jeder Redner kann mit seiner Rede fünf Handlungen vollziehen:

1. Dinge und Sachverhalte darstellen (informieren)
2. Gefühle und Gedanken zum Ausdruck bringen
3. eine Beziehung zum Zuhörer herstellen
4. unterhalten (delectare)
5. bewegen/appellieren (movere)

3. Didaktische Reduktion(en) für die Schule

In diesem Kapitel geht es um die denkbaren Inhalte einer praktischen Rhetorik. Aufgezeigt wird zunächst, *was* grundsätzlich Inhalte einer Unterrichtseinheit Rhetorik oder eines Rhetorikkurses sein könnten. Auf der Grundlage dieser systematischen Übersicht kann der Lehrer mit Blick darauf, was seine Schüler bereits können und was sie noch lernen sollen, eine sich an seiner Lerngruppe orientierende Unterrichtseinheit selbst zusammenstellen. Zur Entlastung des Lehrers werden allerdings auch bewährte Unterrichtsmodule in einem Längsschnitt von Klasse 5 bis zur Oberstufe vorgestellt. Und für den Fall, dass Rhetorik nicht im regulären Unterricht, sondern im Rahmen von Methodentagen oder in einer AG vermittelt werden soll, werden ebenfalls entsprechende Unterrichtsmodelle vorgestellt.

3.1 Fünf Kompetenzbereiche der Rhetorik

Praktische Rhetorik zielt auf den ganzen Menschen, stellt ein ganzheitliches Bildungs- und Entwicklungsprogramm dar, ein umfassendes pädagogisches Konzept. Wenn Rhetorik im Folgenden in *fünf Kompetenzbereiche* aufgeteilt wird, so dient dies lediglich der übersichtlicheren Darstellung und der differenzierteren Betrachtungsweise. Vor allem soll diese Übersicht dem Lehrer die gezielte Auswahl und Schwerpunktsetzung für seine Klasse bzw. seinen Kurs erleichtern, die in der Regel die folgenden Aspekte[1] zu berücksichtigen hat:

- Altersgemäßheit, Wissensstand und rhetorische Erfahrungen der Schüler,
- Anzahl der Schüler und zur Verfügung stehender Zeitumfang,
- Einbettung in den Unterricht bzw. in schulische Zusammenhänge (z. B. Methodencurriculum)
- Ziele, die sich aus den Bildungsplänen und schulinternen Beschlüssen ergeben,
- praktische Anforderungen in Schule sowie Ausbildung, Beruf und Gesellschaft.

Dieser didaktischen Reduktion der Rhetorik auf die konkrete Unterrichtssituation dienen auch die Ankreuzfelder (s. KV Seite 46 f.): Die (aus 40 Möglichkeiten) ausgewählten Teilfähigkeiten (Skills) bilden die Grundlage für die konkrete Unterrichtsplanung. Im Unterrichtsalltag wird kein Lehrer die Zeit haben, alle Teilfähigkeiten zu erarbeiten. Dies muss auch nicht sein, denn diese Inhalte sollten sinnvollerweise über die gesamte Schulzeit verteilt werden; das sind in der Regel sechs Schuljahre in den Realschulen und acht Schuljahre auf dem Gymnasium.

Wichtig wäre nur, dass bei aller schulpraktisch motivierten Reduktion der ganzheitliche Zusammenhang der Rhetorik und ihrer anthropologischen Voraussetzungen nicht verloren geht. Dies liegt in der Verantwortung des Lehrers. Eine Verkürzung der Rhetorik auf isolierte „Techniken“, die beispielsweise die ethischen Rahmenbedingungen ignorierte, wäre nicht im Sinne dieser Auswahlliste.

[1] Nicht zu vergessen: Auch persönliche und fachliche Schwerpunktsetzungen des jeweiligen Lehrers können eine Unterrichtseinheit Rhetorik bereichern.

Grundfähigkeiten der Rhetorik

1. Öffentlich werden als Person und Redner

- den Redeauftritt organisieren (Redepult, Präsentationstechnik, Mikrofon, Sitzanordnung, Beleuchtung usw.)
- Redeauftritt (Stehen vor anderen): Standort einnehmen, im Raum orientieren, aus der Ruhe heraus anfangen;
- Kontaktaufnahme: Gespür für eine situationsangemessene Anrede entwickeln; durch intensiven Blickkontakt eine Beziehung zum Auditorium und Aufmerksamkeit herstellen;
- durch Mimik Freundlichkeit und Wohlwollen gegenüber den Zuhörern signalisieren, aber auch eigene Gefühle und Stimmungen authentisch zum Ausdruck bringen;
- durch Gestik wesentliche Aussagen unterstreichen und Aussageschwerpunkte setzen;
- Haltung kontrollieren; einen Standpunkt (körpersprachlich wie im übertragenen Sinn) einnehmen;
- deutlich artikulieren und wirkungsvoll vortragen (Betonung, Tempo und Lautstärke variieren);
- Redeabtritt: Technik des gezielten Schluss-Satzes (Zielsatz) anwenden und nachwirken lassen, Applaus entgegennehmen.

2. Techniken in der Einzelrede

- Redebeiträge systematisch und zeitökonomisch vorbereiten (mit geeigneten Suchstrategien und Techniken der Informationsverarbeitung); die Topik, bes. die W-Fragen, zum Auffinden von Argumenten, Aspekten und Perspektiven nutzen;
- strukturiert denken und sprechen: Redebeiträge zielorientiert gliedern, mit Gliederungsbausteinen souverän umgehen, auch bei spontanen Redebeiträgen strukturiert sprechen;
- Strategien der Verständlichmachung von Texten kennen und anwenden;
- Sprache bewusst im Hinblick auf Wirkung gestalten, wirkungsmächtige Stilfiguren kennen;
- Informationen in Stichworten zusammenfassen und Stichworte in Redetext umwandeln;
- sich vom Manuskript lösen, stichwortgestützt mit Blickkontakt sprechen;
- visualisieren mit (funktional ausgewählten) Präsentationstechniken;
- Redebeiträge situationsangemessen zu unterschiedlichen Redeanlässen halten (je nach Stufe und Unterrichtszusammenhang z. B. Referat, Präsentation von Gruppenarbeitsergebnissen, Meinungsrede, Festrede).

3. Techniken im Gespräch

- adressatenbezogen („du-orientiert") sprechen und Strategien entwickeln, um die Zuhörer zu überzeugen;
- argumentieren (These in der kontroversen Situation aufstellen, Argumente finden, diese stützen);
- Gesprächsfähigkeit entwickeln durch Anknüpfung und Verständniskontrolle (z.B. aktives Zuhören);
- nach fest umrissenen Regeln debattieren und diskutieren, um Entscheidungen voranzutreiben;
- Diskussionen und Debatten leiten, Gespräche moderieren;
- in kontroversen Redesituationen den eigenen Standpunkt vertreten, gegen Widerstand argumentieren, Einwände entkräften, angemessen auf Zwischenfragen und -rufe eingehen, ggf. schlagfertig reagieren;

→

- unredliche Argumentationsweisen erkennen, entlarven und zurückweisen;
- Techniken des Mitschreibens einfordern (Mitschreib-Appell) und als Zuhörer anwenden.

4. Psycho-soziale Techniken: Achtsamer Umgang mit sich und anderen

- Lampenfieber bewältigen, Spannung aushalten; eigene Körpersprache wahrnehmen und kontrollieren;
- die eigene Rolle und Glaubwürdigkeit reflektieren und als Redner authentisch sein (hierbei nicht zu vernachlässigen: das äußere Erscheinungsbild);
- das Auditorium oder den Gesprächspartner einschätzen (Voraussetzungen, Interessen, Erwartungen); sich emotional und argumentativ in die Gegenseite hineinversetzen, mögliche Widerstände ernst nehmen;
- beim Sprechen die Reaktionsweisen der Zuhörer (auch deren Körpersprache) wahrnehmen und situationsgemäß darauf eingehen;
- aufgrund des Zuhörer-Feedbacks und durch realistische Einschätzung eigener Stärken und Schwächen einerseits Selbstbewusstsein aufbauen, andererseits Schwächen und Misserfolge angemessen verarbeiten, um aus diesen Erfahrungen Entwicklungsmöglichkeiten abzuleiten;
- andere Redner anhand relevanter Kriterien beurteilen und ein konstruktives Feedback geben;
- eine positive Beziehung zu den Zuhörern herstellen und erhalten;
- problematische Rede- und Gesprächssituationen durchschauen und bewältigen (z. B. im Klassenparlament den Konflikt stimmig beschreiben und mit den Gesprächspartnern nach konstruktiven Lösungen suchen).

5. Theoretische Kenntnisse und Einsichten: das Prinzip der Angemessenheit

- Verständnis und sicheres Gespür für „Angemessenheit“ in der „rhetorischen Situation“ (Redner – Gegenstand – Zuhörer); insbesondere auch im Hinblick auf die Redezeit;
- einfache Kommunikationsmodelle kennen (z. B. Dreieck des Aristoteles, Organon-Modell, Nachrichtenquadrat, Pentagon);
- Unterschiede zwischen nonverbaler und verbaler Kommunikation sowie zwischen gesprochener und geschriebener Sprache kennen; die kommunikative Funktion von Visuellem einschätzen;
- Wissen um die Überzeugungsmittel (ethos – logos – pathos) und um die „Aufgaben des Redners“ bzw. Textfunktionen (docere – delectare – movere);
- Rede- und Gesprächsgattungen unterscheiden und in ihrer jeweiligen Funktion beurteilen, spezifische Kriterien zur Analyse von Reden, Referaten, Debatten und Diskussionen kennen;
- Bewusstsein für die Geschichtlichkeit der Rhetorik entwickeln: demokratische Verhältnisse (Audiatur-et-altera-pars-Prinzip) als Rahmenbedingung begreifen sowie beispielhafte Redner und Reden kennen;
- sichere Beherrschung von Fachbegriffen: Wahrheit, Wahrhaftigkeit, Wahrscheinlichkeit, Plausibilität, Recht haben und Recht bekommen; Kontroverse; Überredung und Überzeugung; unredliche Argumentation; Redeabsicht (Anliegen), Ziel und Botschaft;
- realistische Einschätzung der Möglichkeiten und Grenzen der Rhetorik sowie Problembewusstsein entwickeln für die ethische Verantwortung und gegen den Missbrauch der Rhetorik.

Die meisten Inhalte sprechen für sich und bedürfen keiner näheren Erläuterung. Die entsprechenden Fachbegriffe bilden das Rüstzeug für den Rhetoriktrainer. Da diese Begriffe zugleich aber auch für die Schüler hilfreich sind, werden sie im Lexikon als Kopiervorlage wiedergegeben – ein wichtiges Nachschlagewerk für die Schüler und eine spürbare Entlastung für den Lehrer.

3.2 Rhetorik in Bildungsstandards und Lehrplänen

In den „Einheitlichen Prüfungsanforderungen in der Abiturprüfung Deutsch"[2] werden für alle Bundesländer sowohl für die schriftliche als auch die mündliche Abiturprüfung verbindliche *Ziele* definiert, die eine Vielzahl an rhetorischen Inhalten umfassen. Wenn Schüler nicht nur schriftliche, sondern auch „mündliche Darstellungsformen" beherrschen sollen, so bedeutet das in der Sprache der KMK im Einzelnen:

- Arbeitsergebnisse sprachlich angemessen (...) mündlich unter sach- und adressatengerechter Hilfsmittel- und Mediennutzung (z. B. Visualisierung) organisieren und präsentieren;
- sach- und situationsgerecht mündlich kommunizieren: diskutieren – debattieren – argumentieren (Gespräche führen);
- wertende Aussagen formulieren.

Selbst in der schriftlichen Abiturprüfung können rhetorische Inhalte verlangt werden, etwa bei der *Analyse pragmatischer Texte* wie Rede oder Predigt, wenn die Prüflinge ihre Fähigkeit nachweisen sollen, „Intention, Argumentationsstrategie und -struktur, die Funktion der sprachlichen Mittel und die Wirkung der Texte (...) analysieren und beurteilen zu können" (ebd. S. 6). Vorausgesetzt wird im Rahmen der Reflexion über Sprache zudem, dass sich „in einem Unterrichtsvorhaben Rhetorik die Prüflinge in der Untersuchung und Produktion von Redetexten in mündlicher und schriftlicher Form differenziert mit Themen auseinandergesetzt, eigene Positionen vertreten und sich in Redesituationen geübt" (ebd. S. 54 f.) haben.

Die *mündliche Abiturprüfung* sieht eine Zweiteilung vor:

> *Der Prüfling soll (zunächst in etwa 10 Minuten) seine Ergebnisse in einem zusammenhängenden Vortrag präsentieren, der – gestützt durch Aufzeichnungen – frei gehalten wird. (Danach) führt die Prüferin/der Prüfer mit dem Prüfling ein Gespräch, das, ggf. an den Vortrag anknüpfend, größere fachliche Zusammenhänge und andere Sachgebiete erschließt. Der geforderte Gesprächscharakter verbietet das zusammenhanglose Abfragen von Kenntnissen bzw. den kurzschrittigen Dialog.*
> (ebd. S. 31)

[2] Vgl. den Beschluss der Kultusministerkonferenz in der Fassung vom 24.05.2002, bes. S. 3–34, http://www.kmk.org/fileadmin/veroeffentlichungen_beschluesse/1989/1989_12_01-EPA-Deutsch.pdf, recherchiert am 09.12.2009

Als spezifisch rhetorische Anforderungen der mündlichen Prüfung werden darüber hinaus die folgenden Fähigkeiten genannt (ebd. S. 33 f.):

- in der gegebenen Zeit für die gestellte Aufgabe ein Ergebnis zu finden und es in einem Kurzvortrag darzulegen;
- sich klar verständlich, differenziert und strukturiert auszudrücken, dies in normengerechter Sprache, in angemessenem Stil und mit deutlicher Artikulation;
- anhand von Aufzeichnungen frei und zusammenhängend zu reden;
- ein themengebundenes Gespräch zu führen, dies mit der Reaktion auf Fragen und Impulse;
- eigene sach- und problemgerechte Beiträge einzubringen;
- eigene Stellungnahmen, Beurteilungen oder Wertungen zu begründen;
- angemessene Argumentationsformen zu beherrschen (hierzu zählt die KMK auch die „Fähigkeit zu streitigem Argumentieren"!)
- mediengestützt zu präsentieren (vor allem bei der sogenannten Präsentationsprüfung).

Zur genaueren Orientierung dient ein Blick in den Bildungsplan des jeweiligen Bundeslandes. Im Vergleich zu den achtziger und neunziger Jahren zeigen die aktuellen Bildungspläne folgende Tendenzen auf:

- insgesamt eine deutliche Zunahme und eine höhere Verbindlichkeit rhetorischer Inhalte, z. B. durch eine höhere Verpflichtung der Schüler, während der Schulzeit Referate halten zu müssen (einhergehend mit der besseren Anrechnung dieser Leistung in der Gesamtnote) oder durch eine konsequentere, z. T. spiralcurriculare Systematik;
- eine Verlagerung rhetorischer Inhalte von höheren in untere Klassenstufen sowie eine spürbare Differenzierung (bes. im Bereich der Gesprächsrhetorik) und ein stärkeres Bewusstsein für die Bedeutung von Visualisierungen;
- in mündlichen Abiturprüfungen eine Schwerpunktverlagerung vom Abfragen von Kenntnissen bzw. kurzschrittigen Dialogen zur zusammenhängenden Präsentation mit anschließendem Kolloquium.

Exemplarisch sei hier in einer synoptischen Übersicht auf die Curricula[3] von Baden-Württemberg, Bayern und Nordrhein-Westfalen verwiesen, in der die *Essentials* den einzelnen Klassenstufen zugeordnet sind.

3 Die Angaben sind aus Gründen der besseren Lesbarkeit z. T. gekürzt, vereinfacht oder umgestellt wiedergegeben; wiederholte Nennungen werden in der Synopse nicht wieder aufgegriffen, da für den Lehrer in der Regel von größerem Interesse ist, ab wann ein bestimmter Inhalt behandelt werden darf oder soll. Dass man in späteren Klassenstufen wiederholt und vertieft oder Nichtbehandeltes bzw. fehlende Kompetenzen nachholt, ist eine pädagogische Selbstverständlichkeit.

Stufe	Baden-Württemberg[4]	Bayern[5]	Nordrhein-Westfalen[6]
5–6	**Gespräche führen** (aufmerksam zuhören, Sprechabsichten erkennen, auf andere eingehen; Gesprächsregeln einhalten und Konflikte sprachlich lösen; Gedanken, Wünsche und Meinungen angemessen und verständlich artikulieren; in einfachen K-Situationen argumentieren und Stellung beziehen); **mündliches Erzählen** (anschaulich und lebendig; auf nichtverbale Ausdrucksmittel achten); **Informieren** (einfache Formen der Präsentation und Visualisierung erproben); **Textvortrag** (sicher vor der Klasse stehen und Blickkontakt halten; elementare Formen der Stimmführung anwenden; Gedichte auswendig vortragen);	**Wesentliche Formen des Sprechens** (Gesprächsregeln: zuhören, andere aussprechen lassen und auf andere eingehen, in vorgegebenen Situationen angemessen sprechen; Klassengespräch vorbereiten und durchführen); **sinnbetont und interpretierend vorlesen und vortragen** (Lesewettbewerb, Gedichtvortrag); **mündliches Erzählen** (adressatenbezogen und wirkungsvoll); **grundlegende Techniken des Informierens und der einfachen Präsentation von Arbeitsergebnissen** (mündliches Wiedergeben von Gehörtem und Gelesenem; deutlich gliedern, themen- und adressatenbezogen sprechen);	Deutlich und artikuliert sowie gestaltend sprechen; **eigene Erlebnisse und Erfahrungen geordnet, anschaulich und lebendig erzählen;** **Informationen adressatenbezogen weitergeben;** zu einem begrenzten Sachthema stichwortgestützt Ergebnisse vortragen; Wünsche und Forderungen angemessen vortragen; eigene Meinung formulieren und in Ansätzen strukturiert vertreten; **Gesprächsregeln und Standards für die Gesprächsführung vereinbaren und auf deren Einhaltung achten;** Kommunikationsstörungen erkennen und Korrekturen vorschlagen; aufmerksam zuhören und sach-, situations- und adressatenbezogen auf andere reagieren; sich Notizen machen um Gehörtes festzuhalten;

[4] Ministerium für Kultus, Jugend und Sport Baden-Württemberg (Hg.) 2004: Bildungsplan für das Gymnasium der Normalform

[5] Staatsinstitut für Schulqualität und Bildungsforschung 2009: http://www.isb.bayern.de/isb/index.asp?STyp=14&LpSta=6&Fach=12&MNAV=0&QNAV=4&TNAV=0&INAV=0.München, recherchiert am 06.12.2009

[6] Ministerium für Schule und Weiterbildung des Landes Nordrhein-Westfalen (Hg.) 2007: Kernlehrplan Sekundarstufe I. Gymnasium. Deutsch

7–8	**Informieren** (zwischen sachlicher Information und der Wiedergabe subjektiver Eindrücke unterscheiden; Informationen sammeln, auswählen und ordnen; frei oder mithilfe von Stichworten präsentieren und Visualisierungsmittel einsetzen; anhand elementarer Kriterien eine Präsentation beurteilen) **Gespräche führen** (aktiv zuhören; Kritik aufgreifen und konstruktiv Kritik üben; die Gesprächsleitung übernehmen) **Diskutieren und Argumentieren** (verschiedene Formen der Diskussion unterscheiden und ihre Regeln anwenden; eine Diskussion vorbereiten; sachlich und fair mit den Argumenten anderer umgehen; die eigenen Argumente sinnvoll strukturieren) **Szenische Verfahren** (verschiedene Ausdrucksformen der Körpersprache situationsbezogen einsetzen	**Kurzreferat halten und unterschiedliche Präsentationstechniken anwenden** (adressatengerecht, verständlich, klar gegliedert, anschaulich; frei sprechen; Körpersprache einsetzen; visuelles Begleitmaterial gestalten und einsetzen) **Thema- und partnergerecht miteinander sprechen** (Diskussionen führen, sich konstruktiv beteiligen) **Einfaches Argumentieren** (Standpunkte und Meinungen entwickeln und begründet vertreten; appellieren; dies auch im Zshg. mit Schreibformen) **Techniken des Mitschreibens kennen und anwenden** **Reflexion über Kommunikation** (eigenes und fremdes Verhalten in Gespräch und Diskussion untersuchen, Gesprächsfähigkeit vertiefen, Zuhören vertiefen; nonverbale Signale)	intentional, situations- und adressatengerecht erzählen; Informationen sachbezogen auswählen, ordnen und adressatengerecht weitergeben; **freie Redebeiträge halten und mediengestützt präsentieren**; Gedanken, Empfindungen, Wünsche und Forderungen situationsangemessen äußern; einen eigenen Standpunkt strukturiert vortragen und argumentativ vertreten; **sich konstruktiv, sachbezogen und ergebnisorientiert an Gesprächen beteiligen; Gesprächsformen unterscheiden;** in strittigen Auseinandersetzungen zwischen sachlichen und personenbezogenen Beiträgen unterscheiden; sich mit Standpunkten anderer sachlich auseinandersetzen, fremde Positionen respektieren und Kompromisse erarbeiten; mündliche Darstellungen verfolgen; durch Fragen ihr Verständnis klären und sich kritisch mit ihnen auseinandersetzen; Stichwörter oder Sätze formulieren, um das Verständnis von gehörten Texten zu sichern und den Inhalt wiedergeben zu können;

9–10	**Praktische Rhetorik** (eine Rede gestalten; verschiedene Vortrags- und Präsentationstechniken und -formen funktional einsetzen; eine Präsentation mithilfe von Bewertungskriterien beurteilen; auf die Argumente anderer eingehen und den eigenen Standpunkt angemessen vertreten)	**Mündlich kommentieren und eigene Standpunkte begründen** (Strategien der Argumentation) **Gespräche, Interviews und Diskussionen gestalten und reflektieren** (Gründe für Verständnisprobleme erkennen; Diskussionen vorbereiten und moderieren) **Systematische Schulung in praktischer Rhetorik** (rhetorische Kenntnisse in der Praxis anwenden: Ergebnisse präsentieren, frei vortragen) **Zuhören** (Rückmeldung geben, einen Fragekatalog entwickeln, gezielt und differenziert Fragen stellen)	über kommunikative Sicherheit verfügen; über Ereignisse berichten und diese bewerten; komplexe Vorgänge in ihren Zusammenhängen beschreiben; **Referate zu begrenzten Themen erarbeiten und frei vortragen; Präsentationstechniken und Begleitmedien funktional einsetzen;** **in strittigen Auseinandersetzungen über eine sachbezogene Argumentationsweise verfügen;** Argumente sachlich abwägen, den eigenen Standpunkt unter Beachtung von Argumentationsregeln entwickeln, sich differenziert an Gesprächen beteiligen, dabei Gesprächs- und Argumentationsstrategien einsetzen und bewerten sowie Kompromisse erarbeiten; Gespräche leiten, moderieren und beobachten; umfangreiche gesprochene Texte verstehen, mithilfe geeigneter Schreibformen sichern und wiedergeben; sprechgestaltende Mittel und Redestrategien in unterschiedlichen Situationen bewusst einsetzen

Auf der *Ober- bzw. Kursstufe*[7] werden die relevanten Inhalte der Mittelstufe fortgesetzt und vertieft. In Baden-Württemberg werden in der Unterrichtseinheit „Praktische Rhetorik" vor allem Gesprächstechniken vertieft (eine Diskussion auswerten; eigenes und fremdes Gesprächsverhalten kritisch beobachten und angemessen darauf reagieren; Kriterien der Bewertung anwenden und Feedback geben; Leitungs- und Moderationsaufgaben übernehmen). In Bayern werden unter dem Thema „Referieren" vor allem Redetechniken intensiviert, Gesprächstechniken werden unter dem Stichwort mündliche Darstellungsformen lediglich angedeutet. Unter den Titeln „Sprachbewusstsein und kommunikative Kompetenz" sowie „Reflexion über Kommunikation" geht es in beiden Bundesländern vorrangig um analytische Verfahren und theoretische Fragestellungen (Kommunikationsmodelle erweitern und K-Prozesse analysieren, Bedingungen gelingender und misslingender Kommunikation erkennen).

3.3 Unterrichtsmodelle

Orientiert an den oben genannten Bildungsplänen stellt der nachfolgende didaktische Längsschnitt eine sinnvolle Abfolge von rhetorischen Modulen dar, die von Klasse 5 bis 10 und darüber hinaus bis zum Abitur behandelt werden können. Auf differenzierte Zeitangaben muss verzichtet werden, denn diese hängen von zu vielen Variablen ab: Klassengröße, Vorwissen, Motivation, Erfahrung des Lehrers, Einzel- oder Doppelstunden, Vernetzung mit schriftlichen Arbeitsformen (z. B. Argumentation – Debatte – Erörterungsaufsatz), Vor- oder Nachbearbeitung auf Arbeitsblättern, Übungsintensität usw. Für die jeweiligen Module sollte der Lehrer mindestens acht Unterrichtsstunden einplanen, besser wären zwölf, bei intensivem Training gegebenenfalls auch sechzehn Stunden. Im Worst Case (32 Schüler[8], Einzelstunden und eine zeitliche Beschränkung auf acht Stunden) ist es einleuchtend, dass nicht jeder Schüler an jeder Übung aktiv teilnehmen kann. Durch entsprechende Kontrolle auf einer Namensliste sollte aber sichergestellt werden, dass grundsätzlich jeder Schüler an mindestens einer Übung aktiv teilnimmt. Durch gemeinsame Vorbereitung in der Gruppe, durch Beobachtungsaufträge und Feedback-Aufgaben werden die „rhetorisch nicht-aktiven" Schüler gleichwohl am Unterrichtsgeschehen beteiligt.

In der Regel werden Lehrer im Unterrichtsalltag kaum Gelegenheit haben, mit ihrer Klasse bzw. ihrem Kurs eine alle Kompetenzbereiche umfassende Unterrichtseinheit durchzuführen. Das ist auch gar nicht nötig, denn wie bei anderen Unterrichtsinhalten auch kann sich die Vermittlung rhetorischer Kompetenzen über die gesamte Schulzeit erstrecken. Daher ist es sinnvoll, die einzelnen Inhalte im Hinblick auf Al-

7 Für Nordrhein-Westfalen lag bei Abschluss dieses Bandes das Curriculum für die Oberstufe noch nicht vor.

8 Je nach schulorganisatorischen Gegebenheiten wäre für die nachhaltige Vermittlung rhetorischer Kompetenzen eine Aufteilung der Klasse in zwei Gruppen eine spürbare und empfehlenswerte Entlastung.

tersgemäßheit und schulische Anforderung auf die einzelnen Schuljahre zu verteilen. Da Lehrer ihre Klasse in der Regel nur über einen Zeitraum von zwei Schuljahren unterrichten, sollte eine Arbeitsteilung bzw. Stoffverteilung in kollegialer Absprache gewährleisten, dass alle erforderlichen Inhalte im Verlauf von sechs bzw. acht Schuljahren vermittelt werden. Hier nun eine mögliche Verteilung sinnvoller Module in einem Längsschnitt von 5 bis 12:

Modul 1 (z. B. in 5)	Stehen vor der Klasse Gegenseitiges Erzählen und Informieren Visualisierung I: Gestaltung eines Lernplakats Feedback geben	s. Kap. 4, Seite 64-73, 87-91, 93-95, 105 ff, 111 und Weiterführende Literatur, S. 157
Modul 2 (z. B. in 6)	Texte deutlich vortragen und wirkungsvoll gestalten (Artikulation, Gedichtvortrag, Lesewettbewerb) Verantwortungsvolles Sprechen bei der Gruppenarbeit und Präsentieren von Arbeitsergebnissen Gespräche führen (einander zuhören, aufeinander eingehen, konstruktive und faire Lösungen suchen, Klassenparlament)	s. Kap. 4, Seite 73-81, 97-104
Modul 3 (z. B. in 7)	Regeln der Rhetorik miteinander entwickeln Referatstechnik I: stichwortgestützt Visualisierungen II: Tafel und Folie Mitschreiben	s. Kap. 4, Seite 82-86, 108, 115
Modul 4 (z. B. in 8)	Argumentation I (These, Argument, Stütze) Pro-Kontra-Debatte (Erörterung) Verständlichkeit I: Fremdwörter vermeiden, Fachbegriffe erläutern	s. Kap. 4, Seite 123,130, 121
Modul 5 (z. B. in 9)	Statements begründen und gegen Widerstand verteidigen Diskussion Unredliche Argumentationsweisen	s. Kap. 4, Seite 87-90, 97,104, 124, 139, 145

Modul 6 (z. B. in 10)	Referatstechnik II: möglichst frei mit Medientrick Verständlichkeit II: komplexe Sachverhalte verständlich darstellen, Lexikontexte in gesprochene Sprache transformieren Visualisierungen III: computergestützt, Pinnwand, Flipchart	s. Kap. 4, Seite 91-122
Modul 7 (z. B. in 11)	Analyse von Reden, Gegenreden schreiben und vortragen, eigene Reden schreiben Historische und politische Rahmenbedingungen von Rhetorik	s. Kap. 4, Seite 140-142 vgl. weiterführende Literatur, S. 157
Modul 8 (z. B. in 12)	Prüfungs- und Bewerbungsgespräche souverän bestehen Reflexion über Sprache/Kommunikationsmodelle Die ethische Dimension der Rhetorik	s. Kap. 4, Seite 100 s. Kap. 2 s. Kap. 5

Wenn Deutsch als Leitfach für die Vermittlung rhetorischer Fähigkeiten begriffen und mit einer ausreichenden Stundenzahl (mindestens vier Wochenstunden, besser mehr) ausgestattet wird, können Schüler, wenn diese Module konsequent und systematisch vermittelt werden, die notwendigen rhetorischen Grundkompetenzen erwerben.

Bei der Auswahl der Gattungen sollte auf ein ausgewogenes Verhälnis von Rede- und Gesprächstechniken geachtet werden.

Praktische Rhetorik

Einzelrede		**Gespräch**
Gerichtsrede	*Das Thema*	Diskussion/Debatte
Politische Rede	*verbindet*	Konfliktgespräch
Festrede	*Redner und Zuhörer*	Prüfungsgespräch
Predigt	*bzw. die Gesprächspartner*	Bewerbungsgespräch
Sachvortrag, z. B.:	*miteinander!*	Interview
- Referat		Verhandlung
- Vorlesung		Small Talk
Redetechniken	⟵ **Persuasion** ⟶	**Gesprächstechniken**

3.4 Methodentage

Da der Stoffdruck in Deutsch nicht immer ausreichend Zeit und Raum lässt für das rhetorische Training, können zur Ergänzung und Vertiefung eigens Methodentage oder AGs angeboten werden.

Methodentage[9] bieten sich an als Vorbereitung auf das Referatehalten – dann wäre Ende 6 oder Anfang 7 der richtige Zeitpunkt; sie sind aber auch sinnvoll in der Vorbereitung auf die Anforderungen der Oberstufe – dann empfiehlt sich Ende 10 oder Anfang 11. Beide Möglichkeiten werden mit jeweils altersgemäßer Zeitplanung und stufengemäßer Zielsetzung kurz skizziert.

Zur Vorbereitung auf das Referatehalten bietet sich folgendes Modell an:

Erster Vormittag: **Rhet. Grundfähigkeiten**	**Zweiter Vormittag:** **Referatstechnik**	**Dritter Vormittag:** **Psycho-soziale Techniken**
– Körpersprachliches Warming up (Stehen vor anderen, Raumerfahrung, Haltung, Blickkontakt, Gestik) – Deutlicher und wirkungsvoller Vortrag (Artikulation, Stimmführung, Zielsatz am Beispiel vorgegebener Texte) – Redespiel: z. B. Ballonfahrt	– Einfache Regeln der Rhetorik – Das Dreieck der Rhetorik – Stichwortgestütztes Sprechen – Kriterien für Referate – Visualisierungsübung mit anschließender Präsentation	– Bewältigung von Redeangst – Aktives Zuhören und Mitschreiben – Konstruktives und faires Feedback – Gruppenarbeit zu rhetorischen Themen und Präsentation der Ergebnisse (mit anschließendem Feedback)

Zur Vorbereitung auf die Anforderungen der Oberstufe bietet sich folgendes Modell an:

[9] An der Schule des Verfassers hat es sich bewährt, dass der abgebende Deutschlehrer (der die Klasse in 5 und 6 unterrichtet hat) am Ende von Klasse 6 gemeinsam mit dem Deutschlehrer, der die Klasse für 7 und 8 übernimmt, die Methodentage durchführt. Auf diese Weise wird den Schülern der Übergang auf den neuen Lehrer erleichtert und auch der übernehmende Lehrer kann sich besser auf seine neue Klasse einstellen. Das gleiche Prinzip empfiehlt sich für die Methodentage auf der Oberstufe.

Erster Methodentag am Vormittag: **Grundlagen der Rhetorik**	**Zweiter Methodentag am Vormittag:** **Verständlichkeit und Visualisierung**
– (Wdhlg.:) Allgemeine Regeln der Rhetorik, Körpersprache, Lampenfieber-Bewältigung – (Wdhlg.:) Kommunikationsmodelle – Referats- und Mitschreibtechnik – Bewertungskriterien und Feedback	– Verständlichkeit in Wortwahl und Satzbau – Verständlichkeit durch Einfachheit, Prägnanz, Struktur und zusätzliche Anregung – Warum visualisieren, wie visualisieren (Gestaltungsprinzipien)? – Präsentationsmethoden funktional auswählen

Erster Methodentag am Nachmittag: **Debatte und Argumentation**	**Zweiter Methodentag am Nachmittag:** **Diskussion und Diskussionsleitung**
– Kontroverse Redesituation, Streitfrage, Pro und Kontra – Argumentation (Wdhlg.) – Debatten bewerten, die Kriterien von *Jugend debattiert* – Schnupperdebatten (mit anschließendem Feedback)	– Unterschied zwischen Debatte und Diskussion – Regeln für die Diskussionsleitung – Diskussionen beobachten und bewerten – Schnupperdiskussionen (mit anschließendem Feedback)

An vielen Schulen ist man dazu übergegangen, rhetorische Kompetenzen an solchen Methoden-Tagen zu vermitteln. Entlastet wird dadurch der Deutschunterricht selbst. Grundsätzlich sollten sich dafür alle Lehrer zuständig fühlen, denn auch in ihrem Fachunterricht werden beispielsweise Referate gehalten oder Diskussionen durchgeführt. Diese Überlegung legt es nahe, kleinere Lerngruppen zu bilden, indem eine Klasse für die Dauer der Methodentage von zwei oder drei Lehrern betreut wird.

Während bei Methodentagen alle Schüler einer Stufe beteiligt werden und somit – flächendeckend – nur ein begrenztes Programm möglich ist, erlaubt eine Rhetorik-AG, die auf freiwilliger Teilnahme mit begrenzter Teilnehmerzahl (max. 16) beruht, eine Vertiefung und Intensivierung gerade in Bereichen, die für ganze Klassen nicht zu bewältigen wären. Auch hierzu ein Modell auf der Grundlage von 15 Doppelstunden:

1. Doppelstunde	Kurzes Warming-up//Partner-Interview und gegenseitige Vorstellung
2. Doppelstunde	Rede-Übung an der Tafel: „Ein(e) gute(r) Redner(in) sollte ... vermeiden//tun oder beachten
3. Doppelstunde	Dreieck der Rhetorik und einfache Regeln//du-orientierte Kurz-Statements
4. Doppelstunde	Vom Ablesen zum freien Sprechen//Artikulationsübungen
5. Doppelstunde	Kommunikationsmodelle//schwierige Redesituationen bestehen
6. Doppelstunde	Redespiel: Ballonfahrt/Segeltörn oder Fantasia
7. Doppelstunde	Einführung in die kontroverse Argumentation, einfache Statements mit Vorwegnahme und Entkräftung eines Gegenarguments
8. Doppelstunde	Vernünftige Argumentation (Unterscheidung fairer und unfairer Argumente)// Simulation einer Verhandlung oder eines Bewerbungsgesprächs
9. Doppelstunde	Argumente finden//das Debattenformat von *Jugend debattiert*//zwei Schnupperdebatten
10. Doppelstunde	Die Bewertungskriterien von *Jugend debattiert*//eine Debatte mit Feedback
11. Doppelstunde	Visualisierung: Wozu und wie? Verschiedene Präsentationstechniken zu einem Thema im Vergleich
12. Doppelstunde	Verständlichkeit: Texte zu rhetorikrelevanten Inhalten verständlich machen
13. Doppelstunde	Präsentationen oder Kurzreferate zu selbst gewählten Themen (mit Feedback)
14. Doppelstunde	Präsentationen oder Kurzreferate zu selbst gewählten Themen (mit Feedback)
15. Doppelstunde	Abschlussfest mit Urkundenüberreichung und kleinen Festreden (Teilnehmer für Teilnehmer)

So weit die denkbaren Inhalte einer Rhetorikeinheit. Der Pragmatiker spürt sofort, dass er nun die „Qual der Wahl" hat. Denn in aller Regel wird nur ein eng begrenzter Zeitumfang zur Verfügung stehen. Zur didaktischen Analyse dient das folgende Arbeitsblatt (KV):

Diagnosebogen zur praktischen Rhetorik für Klasse/Kurs ___ im Schuljahr _____

1. Die folgenden rhetorischen Grundfähigkeiten sollten erarbeitet bzw. trainiert werden:

- ○ Beherrschung einfacher Rede-Rituale (Redeauftritt, Zielsatz, Redeabtritt)
- ○ Blickkontakt
- ○ Sprechgestaltung (Betonung, Tempo, Lautstärke angemessen und variiert)
- ○ ______________________________
- ○ ______________________________
- ○ ______________________________

2. Die folgenden Referatstechniken sollten erarbeitet bzw. trainiert werden:

- ○ Techniken des stichwortgestützten Sprechens (z. B. Kärtchen-Methode)
- ○ Einsicht in den Sinn von Visualisierungen / Erfahrung mit gängigen Präsentationstechniken
- ○ ______________________________
- ○ ______________________________
- ○ ______________________________
- ○ ______________________________

3. Die folgenden Gesprächstechniken sollten erarbeitet bzw. trainiert werden:

- ○ bewusste Du-Orientierung (z. B. durch Beispiele und Vergleiche aus dem Erfahrungsbereich der Zuhörer)
- ○ sicherer Umgang mit Zwischen- und Nachfragen
- ○ eine Gesprächsform, nämlich:
- ○ ______________________________
- ○ ______________________________
- ○ ______________________________

4. Die folgenden psychologischen Techniken sollten erarbeitet bzw. trainiert werden:

- ○ Feedback-Geben und konstruktiver Umgang mit Feedback
- ○ Wahrnehmung und Interpretation eigener und fremder Körpersprache
- ○ ______________________________
- ○ ______________________________
- ○ ______________________________

→

5. Die folgenden theoretischen Einsichten sollten erarbeitet bzw. trainiert werden:

- ○ ein Kommunikationsmodell, nämlich:
- ○ Vorbereitungsstrategien und Regeln, insbesondere:
- ○ Fachbegriffe, insbesondere:
- ○ ____________________
- ○ ____________________
- ○ ____________________

Sinnvoll ist die folgende Reihenfolge der Unterrichtssequenzen:

1. ____________________
2. ____________________
3. ____________________
4. ____________________
5. ____________________

Benötigt werden dafür die folgenden Unterrichtsmaterialien:

____

____

____

Folgende Schüler sollten in ihren rhetorischen Kompetenzen besonders gefördert werden:

____

____

Für die Rhetorikeinheit wird der folgende Zeitaufwand veranschlagt:

○ nur 3 Std. ○ 4–6 Std. ○ 7–9 Std. ○ 10–12 Std. ○ 13–15 Std. ○ etwa ____ Std.

4. Methodik der Rhetorik (Methoden-Pool)

In den Rhetoriken der Antike wurde intensiv erörtert, welche Anteile bei der „Ausbildung des Redners"[1] den biologischen Anlagen des Redners (natura), der Redetheorie (ars), dem Redetraining (exercitatio), schließlich auch der Erfahrung (usus) zukommen. Diese Fragestellung lässt sich im Hinblick auf „Rede- und Gesprächstechniken in der Schule" am besten pragmatisch beantworten: Statur, Körpersprache, Ausdruckskraft der Stimme, rasche Auffassungsgabe usw. sind unbestritten günstige Voraussetzungen, die bei Gelegenheit thematisiert werden können. Menschen sind aber in der Lage, auch ungünstige Voraussetzungen zu kompensieren[2]; vor allem verpflichtet das Prinzip der Chancengleichheit unsere Schulen, solche Kompensationskonzepte – auch im Hinblick auf die unterschiedliche familiäre Sozialisation der Schüler – zu entwickeln. In diesem Sinne sind körperliche Anlagen sicherlich günstige und die wesentlichen theoretischen Erkenntnisse und Einsichten notwendige Voraussetzungen für die Entfaltung rhetorischer Kompetenz; aber erst die systematische Übung und das Feedback der Zuhörer führen wirklich zur nachhaltigen Ausbildung rednerischer Fähigkeiten.

Müßig ist es, über die Anteile zu streiten. Jeder Lehrer wird im Hinblick auf die konkrete Unterrichtssituation eine Schwerpunktsetzung vornehmen. Während der reguläre Unterricht traditionell stärker auf kognitive Prozesse ausgerichtet ist, bietet eine Unterrichtseinheit Rhetorik die Chance, die daraus erwachsenen Defizite in der Redepraxis mit folgender Faustregel auszugleichen:

maximal ein Drittel Redetheorie[3] und Analyse, mindestens zwei Drittel praktische Übung!

Um dies auch angesichts hoher Schülerzahlen zu bewerkstelligen, sind alle offenen Unterrichtsformen hilfreich, in denen sich der Lehrer zurücknehmen kann, um dadurch die Sprech- und Übungsanteile der Schüler zu erhöhen.

Doch was soll geübt werden, wenn sich die Übung nach Quintilian an der Praxis orientieren soll? Die sogenannte *55-38-7-Regel von Albert Mehrabian*, 1967 erstmals vorgestellt, hat großen Einfluss auf die inhaltliche Ausgestaltung praktischer Rheto-

---

[1] So der programmatische Titel bei Quintilian, der im ersten und zweiten Buch seines zwölfbändigen Werks diese Fragestellung von allen Seiten beleuchtet, um schließlich vor dem Hintergrund antiker Persönlichkeitsvorstellungen das Fazit zu ziehen: „(...) so wird die Naturanlage auch ohne wissenschaftliche Ausbildung sehr viel leisten, wissenschaftliche Ausbildung aber ohne die Hilfe der Natur nichts vermögen" (1995, S. 267/II, 19,2). Hierzu auch Cicero 1975, S. 105–129/I, S. 113–159.

[2] Ein besonders anschauliches Beispiel für diese Fähigkeit zur Kompensation ist für Schüler Demosthenes, vgl. Gora 2001, S. 8 f.

[3] Also etwa: Definitionen und Modellbildung, Regelwerk, systematische Überlegungen, Geschichte der Rhetorik, Analyse von Musterreden

rik. In dieser Studie stellt der Forscher fest, dass bei der Präsentation von Einzelwörtern 55 Prozent der Wirkung durch die Körpersprache (Mimik, Gestik, Körperhaltung und Blickkontakt) bestimmt wird, 38 Prozent durch die Stimmlage und nur 7 Prozent durch den Inhalt des Vortrags. Dies muss, selbst wenn man Zweifel hegen mag an der quantitativen Aufteilung der Anteile[4], Auswirkungen haben auf die Konzeption praktischer Rhetorik. Sie muss folgerichtig größten Wert legen auf körpersprachliche Übungen und Stimmtraining, ohne dabei aber inhaltliche Aspekte zu kurz kommen zu lassen.

Wenn in der Didaktik (vgl. Kapitel 3) fünf Kompetenzbereiche unterschieden werden, so ist die praktische Rhetorik am stärksten dem Bereich 1 („Grundfähigkeiten der Rhetorik") verpflichtet. Tragende Elemente der praktischen Rhetorik sind somit die gemeinsame Vorbereitung in der Gruppe, das Vortragen vor der Gruppe und das anschließende Feedback durch die Gruppe.
Im Methodenteil werden nun zunächst intensive körpersprachliche Aufwärmübungen, einige Sprech- und Sprachgestaltungsübungen sowie eine Basis-Einheit zur Erarbeitung von rhetorischen Regeln und zur Theoriebildung vorgestellt, die in jeder Altersstufe durchgeführt werden können und die in keinem Rhetorikkurs fehlen sollten.

Es folgen dann weitere Module, die je nach Schwerpunktsetzung eingesetzt werden können. Die Reihenfolge der Unterrichtsideen folgt zwar Prinzipien der Sachlogik und der pädagogischen Progression, viele Anregungen sind aber flexibel einsetzbar. Die meisten Übungen sind auch zu einem späteren Zeitpunkt denkbar, mitunter allerdings mit kleineren Modifikationen: So ist etwa die gegenseitige Vorstellung, die für Anfang der Klasse 5 angesetzt ist, immer sinnvoll, wenn eine Klasse oder ein Kurs neu zusammengesetzt wird; in diesem Fall wird der Lehrer wohl die eine oder andere Anregung für das Interview abändern, die Übungsfolge bleibt aber über alle Klassenstufen hinweg die gleiche. Einige Inhalte (wie beispielsweise die Buchvorstellung oder das Halten von Referaten) sind dagegen so wesentlich, dass sie in der Unterrichtspraxis auf mehreren Klassenstufen wiederholt ihren Platz haben. In diesem Fall handelt es sich allerdings nicht um eine simple Wiederholung, sondern im Sinne eines Spiral-Curriculums um eine Weiterentwicklung mit einer altersgemäßen Progression, bei der von Klassenstufe zu Klassenstufe das Anspruchsniveau steigt und der Zeitrahmen zunimmt: Bei der Buchvorstellung werden auf den folgenden Stufen poetologische und stilistische Fragen in den Vordergrund rücken, bei Referaten werden die Schüler

[4] So der Verband der Redenschreiber deutscher Sprache in seiner Untersuchung über die Wirkung von Reden: Mit der Formel 59-19-22 wurde zwar der Einfluss der Körpersprache unterstrichen, aber – entsprechend der Erwartung des Verbandes – wurde dem Inhalt des Redetextes ein größeres Gewicht zugesprochen: immerhin 22 Prozent (dies auf Kosten der Stimme). Im Spannungsfeld beider Untersuchungen geht der Verfasser in seinen Kursen davon aus, dass die sichtbare Körpersprache größeren Anteil hat als die hörbare Stimmlage und dass der Inhalt geringeren Einfluss auf die Wirkung hat als gemeinhin angenommen. Der Inhalt beansprucht aber insofern ganz sicher mehr als sieben Prozent (vielleicht sogar mehr als 22 Prozent), als sich die inhaltliche Vorbereitung und das Formulieren des Redetextes natürlich in der Körpersprache und in der Sprechführung niederschlagen.

in zunehmendem Umfang selbstständig recherchieren, sich stärker an den Voraussetzungen, Interessen und Erwartungen ihrer Mitschüler orientieren und bewusster eine Auswahl aus den zur Verfügung stehenden Informationen treffen.

Die dargestellten Methoden haben exemplarischen Charakter. Nicht alle Methoden können vorgestellt werden, wohl aber diejenigen, von denen aus sich leicht weitere Methoden entwickeln lassen. Eine Sammlung von weiteren Anregungen, die sich auch ohne methodische Anleitung umsetzen lassen, schließt den Methoden-Pool ab.

Methode: griech. Weg zu etwas hin; Unterrichtsverfahren, Art und Weise des Vorgehens. Methoden werden von der Lehrkraft im Hinblick auf die Voraussetzungen der Schüler, das Thema und das Unterrichtsziel ausgewählt. Methoden sollten sinnvoll und angemessen, effektiv und nachhaltig sein. Wenn sie darüber hinaus zum Mitmachen motivieren und den Schülern Spaß machen, kann es allen Beteiligten nur recht sein!
Von diesem Begriff ist der Begriff der **Arbeitstechniken** zu unterscheiden: handwerkliche Fähigkeiten, die Schüler anwenden, um auf sinnvolle und effektive Art die gestellten Aufgaben zu bewältigen.
Methodik: griech. Kunst des planvollen Vorgehens; die Wissenschaft vom planmäßigen Vorgehen beim Unterrichten oder die einzelne Unterrichtsmethode. Gemeint ist im Folgenden eine Sammlung unterschiedlicher repräsentativer Methoden für das Erlangen rhetorischer Kompetenz.

Auf den auch unter methodischem Aspekt so wichtigen Zusammenhang von Rede und Gespräch, von Reden und Zuhören, hat bereits *Adam Müller* (1779-1829) hingewiesen:

Wisse zu hören, wenn du reden willst (...)
Jede Wahrheit ist also Gespräch:
In dem Munde des einen Redners
sprechen notwendig zwei,
er und sein Gegener

4.1 Übungen zum Aufwärmen und Lockern

4.1.1 Funktion der Übungen

Wenn die Schüler das Stehen vor anderen noch als peinlich empfinden, sollte der Lehrer einige Lockerungsübungen anbieten. Ein solches Warming-up hat sich auf allen Altersstufen (bis hin zu erwachsenen Teilnehmern) bestens bewährt, denn es erfüllt gleich mehrere Funktionen:

- Auf spielerische Weise werden Ängste genommen, durch die entkrampfende Wirkung dieser Übungen wird eine günstige Voraussetzung geschaffen für die nachfolgenden Redeauftritte.
- Es reaktiviert den körpersprachlichen Ausdruck, der im Laufe der Erziehung und besonders in der Pubertät reduziert, bei manchen Schülern regelrecht verkümmert ist.
- Es sensibilisiert für die Phänomene der Körpersprache – der eigenen wie die der anderen; wichtige körpersprachliche Signale werden bewusster wahrgenommen.
- Es schafft eine gute, vertrauensvolle Atmosphäre in der Gruppe.
- Es verbessert die Raumwahrnehmung des Redner-Ich im Raum: den Redeauftritt, das Stehen vor den Zuhörern, schließlich den gekonnten Redeabtritt.

Bei diesen Übungen geht es nicht darum, eine bestimmte Körpersprache einzustudieren, um etwa Selbstsicherheit vorzutäuschen. Ziel dieser Übungen ist vielmehr die Entfaltung einer natürlichen Körpersprache, die der jeweiligen Persönlichkeit des Sprechers entspricht und die sich mit der jeweiligen verbalen Aussage deckt. Ziel ist der authentische Redner.

4.1.2 Vorbereitung und Zeitplanung

Für die Übungsfolge werden Tische und Stühle beiseite geräumt; die Schüler bilden gemeinsam mit dem Lehrer einen Kreis. Der Lehrer begrüßt im Kreis und erklärt zwei Regeln.

1. Alle Übungen werden im Stehen gemacht. Es ist nicht erlaubt, sich an die Wand zu lehnen oder auf Tischen und Stühlen abzustützen.
2. Alle machen grundsätzlich mit. Wer aber eine bestimmte Übung nicht mag, darf sich für diese Übung symbolisch auf einen Stuhl außerhalb des Kreises setzen. Diese Ausnahme wird aber nur ein einziges Mal zugelassen. (Der Verfasser hat noch nie erlebt, dass auch nur ein einziger Schüler von diesem Recht Gebrauch gemacht hätte.)

Die im Folgenden skizzierte Übungsfolge ist effektiv und umfasst alle wesentlichen Wahrnehmungsbereiche. Bei kleinen Gruppen und straffer Führung beansprucht sie 25 Minuten; bei größeren Gruppen, vor allem aber, da die einzelnen Übungen erfahrungsgemäß viel Spaß machen, ist es durchaus ratsam, sich etwas mehr Zeit zu nehmen und etwa 40 Minuten einzuplanen.

4.1.3 Übungsabfolge

Erste Übung: Sensibilisierung für das Gefühl der Befangenheit

Lehrer: „Ihr spürt jetzt vielleicht, dass es ein komisches Gefühl ist, einfach so im Raum zu stehen. Man fühlt sich beobachtet und man weiß nicht recht, wohin mit den Armen. Diese Erfahrung machen viele Menschen: Solange man an seinem Tisch sitzt und sich unbeobachtet fühlt, ist die Welt noch in Ordnung. Sobald man aber zum Reden nach vorne kommt, spürt man alle Blicke auf sich, man ist nicht mehr so locker wie sonst. Irgendwie ist die Situation peinlich und man nimmt eine Haltung ein, die diese Befangenheit auch zum Ausdruck bringt. Bitte nehmt alle eine Haltung ein, die man nach eurer Einschätzung gerade nicht einnehmen sollte, wenn man vor anderen spricht!"

Die Teilnehmer nehmen unterschiedliche Haltungen ein: Beine überkreuzen, Arme vor der Brust verschränken, Hände in den Hosentaschen, übertrieben lässig („cool") usw.

Der Lehrer lässt etwa drei Teilnehmer erklären, warum diese Haltungen für das Reden ungünstig sind. Meist wird die negative Wirkung richtig erkannt, der Lehrer unterstreicht oder ergänzt lediglich die funktionale Bedeutung der Körpersprache. Es geht weder um feste Benimm-Regeln noch um eine Inszenierung, sondern ganz funktional darum, beispielsweise einen festen Standpunkt einzunehmen, sich den Zuhörern gegenüber zu öffnen und das Gesagte mit Gestik zu unterstreichen.
Damit ist die Gruppe für den körpersprachlichen Ausdruck sensibilisiert. Da es leichter ist, eine schlechte Körperhaltung vorzumachen als eine gute, bietet diese erste Übung einen günstigen Ausgangspunkt, um möglichst alle Schüler dort abzuholen, wo sie stehen.

Zweite Übung: Begegnungen im Raum

Die zweite Übung trägt auf sehr basale Weise zur Wahrnehmung des Raums und zur körpersprachlichen Lockerung bei: Die Schüler werden aufgefordert, durcheinander durch den Raum zu „wuseln", dabei sollen sie die Arme hängen lassen und entspannt atmen. Die bei diesem chaotischen Durch-den-Raum-Gehen zu befürchtenden Zusammenstöße werden vermieden durch Blickkontakt und damit durch mimische oder gestische Signale („Ich lasse dich passieren!" oder „Ich gehe rasch an dir vorbei!"). Während des Durcheinander-Gehens gibt der Lehrer Anweisungen zur Veränderung der Geh- und Ausdrucksweise; beispielsweise: „Wir nehmen etwas Tempo auf. Wir sollten beim strengsten Lehrer der Schule unser Referat halten, aber bedauerlicherweise haben wir uns verspätet. Zeigt durch Tempo und Körpersprache, dass ihr im Stress seid!" Danach: „Endlich Ferien! Das Schuljahr haben wir gut abgeschnitten, alle sind versetzt und nun befinden wir uns in einem Traumurlaub – an einem langen Strand! Wir haben ausgiebig gebadet und Spaß gehabt, wir haben Farbe bekommen, nun freuen wir uns auf ein leckeres Essen und danach auf ein schönes Fest. Wir sind entspannt und gut gelaunt." Schließlich: „Inzwischen hat die Schule wieder angefangen. Wieder einmal müssen wir ein Referat halten. Diesmal sind wir aber pünktlich. Wir haben uns gut vorbereitet und freuen uns auf das Referat. Zuversichtlich gehen wir ins Klassenzimmer: Endlich können wir einmal zeigen, was in uns steckt. Lehrer und Mitschüler sind ausgesprochen nett. Wir sind uns unserer Sache gewiss und vertrauen darauf, dass unser Referat bei den Zuhörern gut ankommt."

Während es beim Durcheinander-Gehen gut möglich ist, dass der Lehrer selbst die Übung mitmacht und im Gehen diese suggestiven Situationen evoziert, empfiehlt es sich beim zweiten Teil der Übung, dass er nur die Anweisungen gibt. Die Schüler sollen sich nämlich in einem Rollenspiel auf unterschiedliche Weise, mit sich steigerndem Körperausdruck, begrüßen. Dazu erläutert der Lehrer vorab die unterschiedlichen Begrüßungsweisen, dann gehen die Schüler wie zuvor entspannt durch den Raum. Beim Aufrufen der Zahl sollen sie entsprechend der Begrüßungsstufe den oder die Mitschüler begrüßen, der/die ihnen durch Zufall gegenübersteht/stehen:

1. Begrüßung einer *Person, die man nicht leiden kann* (distanziert, auf Abstand halten, unhöflich, minimale, flüchtige, z. B. mit gesenktem Blick, schwachem Händedruck, raschem Weitergehen)
2. Begrüßung einer *fremden Person* (formal korrekt mit Handschlag, nicht unhöflich, aber ohne besonderen Ausdruck)
3. Mitteleuropäische *Normalbegrüßung einer bekannten Person* (freundlich, wohlwollend, vielleicht mit Austausch einer netten Bemerkung)
4. Begrüßung eines *Freundes* oder eines *befreundeten Mitschülers* (im Freizeitbereich, mit Schulterklopfen oder „Checker-Begrüßung" und erkennbarer Freude über das Treffen)
5. Begrüßung des *besten Freundes*/der *besten Freundin*, nachdem man sich lange Zeit nicht gesehen hat (begeisterte Umarmung, langanhaltender Austausch von Freundlichkeiten)

Bei Wiederholung dieser – sehr beliebten und erkennbar lockernden! – Übung können die Begrüßungsnummern durcheinander aufgerufen werden, sodass die Schüler spontan reagieren müssen. Nach dieser intensiven wie turbulenten Übung stellen sich die Schüler wieder ruhig im Kreis auf.

Dritte Übung: fiktive Lieblingstiere vorstellen und an den Nachbarn weiterreichen
Der Lehrer erklärt mit entsprechender Gestik und Mimik: „Ich habe hier auf meinem Arm mein Lieblingstier (Lehrer streichelt eine Katze auf dem Arm). Ich streichle es, ich schmuse mit ihm, bis ich glaube, dass ihr erkannt habt, um welches Tier es sich handelt und wie sehr ich es mag. Dann gebe ich das Tier an meinen linken Nachbarn weiter. Wenn er es ebenfalls als Lieblingstier hat, spielt er eine Weile damit und gibt es dann weiter. Wer das ihm übergebene Tier aber nicht mag, macht eine kleine symbolische Bewegung (Arm schlagen) und „erfindet" pantomimisch ein neues Tier (Lehrer gibt einem Vogel auf dem Zeigefinger Futter, führt einen Hund an der Leine usw.)."

Während die Teilnehmer glauben, dass es darum gehe, den Umgang mit dem jeweiligen Tier besonders ausdrucksstark und überzeugend darzustellen, hat diese Übung einen tieferen Sinn: Indem sich die Teilnehmer bemühen, ohne Worte eine kleine Botschaft zum Ausdruck zu bringen, während sie von den anderen beobachtet werden, üben sie einen wichtigen rhetorischen Skill: Spannung auszuhalten.

Bei großen Gruppen (Kreisen) kann der Lehrer zwei Lieblingstiere ausgeben, eines nach links und eines nach rechts, um die Übung bei gleichem Effekt zu beschleunigen.

Eine nette Ergänzungsübung ergibt sich, wenn der Lehrer am Schluss das Tier bzw. die Tiere wieder übernimmt, erneut die symbolische Bewegung vollzieht und erklärt, dass er nun den Bereich der Tierwelt verlasse, um das fiktive Gebilde aufzublasen. Rasch wird deutlich, dass es sich um einen Luftballon oder Ball handelt. Dieser wird einem beliebigen Teilnehmer zugeworfen, mit der auffordernden Geste, nun das Spiel zu beginnen. Interessant ist, wie sich der Ballon/Ball von Teilnehmer zu Teilnehmer durch die Art des Werfens, Rollens oder Wegdrückens im Laufe der Zeit verändert. Sobald der fiktive Ballon über die Teilnehmergruppe hinausgeschlagen oder -geworfen wird, wird zur nächsten Übung übergeleitet.

Vierte Übung: Impulssätze im Ausdruck verstärken

Nach der körpersprachlichen Lockerung geht es bei der vierten Übung um die bewusste und intensivierte Gestaltung von einzelnen Äußerungen. Diese wird durch Mimik und Gestik flankiert, den Schwerpunkt bildet aber die Sprechgestaltung.

Der Lehrer erklärt: „Ich formuliere einen Satz mit mittlerem Ausdruck. Ihr sprecht den Satz nach, verstärkt dabei aber den Ausdruck. Wenn ich sage (macht es mit schwacher Gestik und Betonung vor): Nein, nein und nochmals nein!, dann sollt ihr im Chor nachsprechen (ausdrucksstark): Nein, nein und nochmals nein! Ihr sollt mich nicht in der Lautstärke übertreffen, sondern in der Stärke des Ausdrucks. Dazu gehören Betonung, Sprechtempo, Pausentechnik, aber auch Haltung, Gestik, Mimik und Blickkontakt."

Es folgen Äußerungen zu ganz unterschiedlichen Sprechakten. Viel Spaß macht es, wenn sich der Lehrer situationsbezogene Äußerungen ausdenkt; wenn nicht, dann haben sich die folgenden Sätze bewährt:

- Herzlich willkommen in dieser netten Runde!
- Ich freue mich, dass ihr bisher so gut mitgemacht habt.
- Also passt auf, ich hätte da eine Idee.
- Da gibt es erstens die Mimik, zweitens die Gestik und drittens die Haltung (zeigt gestisch die Ordnungszahl und den entsprechenden körpersprachlichen Bereich).
- Herzlichen Glückwunsch, das ist dir wirklich gelungen.
- Nein, nein, nein! So geht das nicht!
- Mit unserem Blickkontakt wollen wir wirklich alle ansprechen.
- Deshalb möchte ich euch ermutigen: Macht mit bei dieser Übung!
- Wir geben dem Zuhörer das Gefühl: Um dich geht es hier!
- Wenn wir sprechen, beziehen wir einen Standpunkt im doppelten Sinne des Wortes.
- Ich bewundere die Stärke eures Ausdrucks! Vielen Dank!

Diese Impulssätze werden von den Schülern im Chor nachgesprochen. Da sie den Lehrer im Ausdruck übertreffen sollen, sollte dieser zumindest anfangs darauf achten, dass er nicht zu stark auftritt. Hat die Übung gezündet, dann ist es für die Schüler ein echter Ansporn, den Lehrer zu übertreffen.
Wird die Übung wiederholt, dann kann auch einmal ein Schüler (vielleicht aus der Theater-AG) die Rolle übernehmen, sich interessante Impulssätze auszudenken und vorzumachen. Da es bei dieser Übung schwerpunktmäßig um eine möglichst stimmige Sprechgestaltung geht, können auch ganz andere Themenbereiche heraufbeschworen werden.

- Politik: Von unseren Politikern fordere ich klare und nachvollziehbare Entscheidungen.
- Sport: Dieses Tor hätte der Schiedsrichter niemals pfeifen dürfen.
- Deutsch-Unterricht: Franz Moor ist wirklich ein abscheulicher Intrigant!
- ...

Nach dieser stimmintensiven Übung hat die folgende eher meditativen Charakter.

Fünfte Übung: Sensibilisierung für das Stehen vor der Gruppe
Bei der dritten Übung bleiben die Teilnehmer weiterhin im Kreis stehen. Es geht darum, dass sich die Schüler bewusst machen, wie sie stehen und wie sie vor einem Auditorium stehen können. Bei dieser Übung ist es hilfreich, wenn der Lehrer seine Erläuterungen selbst körpersprachlich veranschaulicht. Lehrer:

„Wir stehen etwa hüftbreit. Unsere Füße berühren gleichmäßig den Boden. Wir stellen uns vor, dass wir Wurzeln schlagen, sodass wir ganz stabil stehen. Nun stellen wir uns vor, dass wir wie eine Marionette vom Kopf her in die Höhe gezogen werden. Wir wachsen auf ganz natürliche Weise etwa ein oder zwei Zentimeter, indem sich unsere Wirbelsäule aufrichtet. Wir stabilisieren unsere Flanken und Lendenwirbel, indem wir die Gesäßmuskulatur etwas anspannen.

Wir stehen also stabil und fest mit beiden Füßen auf dem Boden der Realität, wir gehören aber auch dem Bereich der guten Ideen und der Visionen an. Beiden Bereichen des Menschseins sind wir verbunden.

Nun neigen wir uns – etwa wie die Skispringer – mit dem ganzen Körper nach vorne, so weit es geht, allerdings ohne mit den Füßen abzuheben! Nun spüren wir eine starke Spannung in den Oberschenkeln. Wir versuchen auch, so weit es geht, uns nach hinten zu neigen – auch dabei bleiben unsere Füße fest im Boden verankert.

Nun bringen wir unseren Körper in eine leichte Pendelbewegung – von hinten nach vorne und von vorne nach hinten. Anfangs fühlen wir uns bei dieser ungewohnten Bewegung noch etwas unsicher, doch dann wird die Bewegung immer gleichmäßiger und selbstverständlicher.

Langsam pendeln wir uns aus. Die Bewegung wird immer langsamer und wir schwingen nicht mehr so weit. Die Bewegung wird immer kleiner, bis wir zu einem Punkt gelangen, an dem wir in uns selbst ruhen. Nun benötigen wir fast keine Muskeln mehr, um uns zu halten. Wir ruhen in uns.

Wir stehen stabil in aufrechter Haltung, der Kopf ist erhoben, die Arme hängen entspannt an der Seite. Wir ruhen in uns – stabil und aufrecht.

Nun geben wir uns einen kleinen Kick nach vorne – für die anderen kaum sichtbar, aber für uns durchaus spürbar. Wir spüren, dass wir nun wieder etwas mehr Spannung haben. Wir führen die Hände an den Bauchnabel, von dort aus entwickelt sich unsere Gestik."

Der Lehrer führt nun eine Situation ein, die sich jeder gut vorstellen kann (z. B. Pausenhofgespräch). Und er fährt fort:

„In dieser Stehhaltung führen wir pantomimisch ein angeregtes Gespräch mit dem Gegenüber im Kreis: Wir begrüßen uns, wir machen Komplimente, wir scherzen, wir schimpfen über die anderen, wir laden uns gegenseitig auf ein Eis ein."

Nachdem die Schüler etwa dreißig Sekunden die Situation ausgekostet und die stabile Stehweise ausprobiert haben, erläutert der Lehrer:

„Wir haben soeben eine sehr stabile Stehweise ausprobiert. Wir haben deutlich einen Standpunkt bezogen – im doppelten Sinn des Wortes. Wir haben unsere Meinung vertreten und wir haben körpersprachlich unseren Standpunkt markiert – wie ein Fels in der Brandung. Deshalb müssen wir aber überhaupt nicht autoritär oder gar arrogant wirken. Im Gegenteil: Wir können Mimik und Gestik einsetzen, wir können uns öffnen, wir können freundlich und wohlwollend sein.

Diese Stehweise[5] probieren wir nun in einer letzten Übung aus."

Sechste Übung: Integration (Redeauftritt, Redeabtritt)

Bei dieser Schlussübung bleiben die Schüler auch im Kreis stehen. Der Lehrer erläutert, indem er wieder körpersprachlich die eigenen Erklärungen veranschaulicht. Lehrer:

„In unserer Schlussübung sollt ihr zwei Dinge sagen: Wie ihr heißt! Und was ihr heute noch vorhabt. Ersteres braucht ihr nicht auswendig lernen. Selbst wenn wir alle Namen kennen, sprecht ihn bitte zur Übung laut und deutlich aus. Zweiteres ist schon etwas anspruchsvoller: Ihr sollt es nämlich nicht direkt sagen, sondern ihr sollt es verrätseln, um die Spannung zu steigern. Statt anzukündigen, dass ihr heute Abend mit eurer Hündin Gassi geht, könntet ihr andeuten, dass ihr heute Abend mit einer bezaubernden Dame ein Rendezvous in freier Natur habt. Das Schlimme kommt nach dem Gesagten: Ihr erhaltet von den anderen donnernden Beifall. Diesen Applaus braucht ihr nicht als peinlich empfinden, nehmt ihn einfach an! Notfalls zählt ihr stillschweigend und lächelnd einundzwanzig, zweiundzwanzig, dreiundzwanzig. Dann erst ist euer Redebeitrag beendet.

5 Wenn genügend Zeit zur Verfügung steht, kann auch die Gewichtsverlagerung (Standbein – Spielbein) nach vorne vorgeführt werden. Diese Steh-Variante wird von vielen Schülern unbewusst angewandt, kann also bewusst gemacht und verbessert werden. Entscheidend ist, dass der Redner nicht das hintere Bein belastet, sondern durch Belastung des vorderen Beins auf die Zuhörer zukommt. Vermittelt werden kann dabei, dass es gar nicht darum geht, Lampenfieber zu unterdrücken, sondern ein durch Unsicherheit bedingtes seitliches Schwanken nach vorne zu kanalisieren.

Damit die anderen aber auch merken, dass ihr was sagen wollt, tretet ihr der Reihe nach einen Schritt nach vorne, ihr nehmt Blickkontakt auf und ihr fangt aus der Ruhe heraus an. Je besser ihr euer Erlebnis verrätselt, um so besser. Nach dem Applaus tretet ihr wieder einen Schritt zurück und der Nächste stellt sich vor.

Wichtig ist also, dass ihr euren Redeauftritt und euren Redeabtritt ganz bewusst gestaltet, fast schon inszeniert. Das körpersprachliche Signal muss eindeutig sein: Ich möchte jetzt etwas sagen. Ich beziehe einen Standpunkt. Ich erwarte von euch absolute Aufmerksamkeit und ich nehme euren Applaus dankbar an."

Nachdem alle Schüler ihren Redeauftritt gehabt haben, tritt der Lehrer ein letztes Mal in den Kreis:

„Ich kann euch versprechen, das war jetzt die peinlichste Übung: wenn man nämlich nicht viel zu sagen hat, dies aber trotzdem inszenieren soll. Ich möchte euch aber bitten, dies bei den folgenden und künftigen Redebeiträgen beizubehalten: Wir beziehen einen Standpunkt, wir fangen aus der Ruhe heraus an, wir machen deutlich, dass wir etwas zu sagen haben. Dabei wünsche ich euch viel Erfolg!"

Diese Übungssequenz (25–40 Min.) kann bei Bedarf durch weitere Übungen aus der Theaterpädagogik ergänzt und vertieft werden. In der Regel genügt aber diese Sequenz von sechs Übungen, um einen deutlichen Fortschritt im körpersprachlichen Ausdruck und in der Sicherheit beim Redeauftritt zu beobachten. Sollte umgekehrt nur sehr wenig Zeit zur Verfügung stehen oder die Schüler bereits sicher auftreten, lässt sich das gesamte Verfahren durch die folgende Übung (10 Min.) abkürzen.

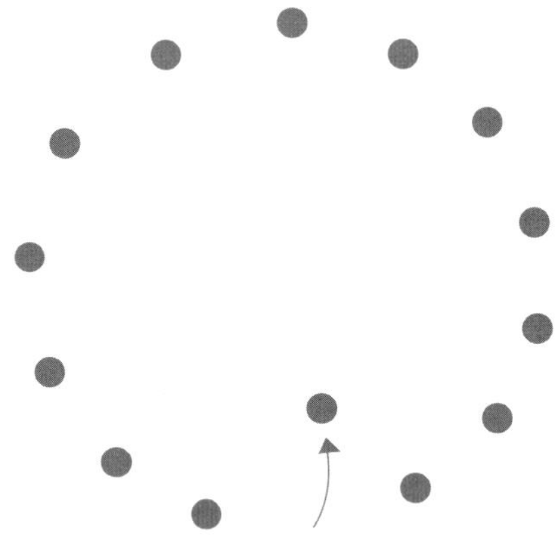

Im Kreis: Für den jeweiligen Redebeitrag treten die Schüler einen Schritt vor.

Prinzip der Vorentlastung: Nicht ins kalte Wasser werfen!

Oft genügt es schon, wenn Schüler vor dem eigentlichen Redebeitrag einmal nach vorne kommen, um diesen anzukündigen, zum Beispiel: „Hallo, ich bin die Milena, und ich möchte euch nachher den Marcel vorstellen." Oder: „Ich begrüße euch und möchte euch schon jetzt verraten, dass ich nachher das Gedicht „Der Lattenzaun" von Christian Morgenstern vortragen werde." Oder: „Ihr habt vielleicht schon erraten, welches Buch ich euch nachher vorstellen möchte: Es ist der sechste Band von Joanne Rowling, der den Titel trägt „Harry Potter und der Halbblutprinz".

Bei dieser Aufwärm-Übung sind sich die Schülerinnen und Schüler zumeist gar nicht bewusst, dass sie bereits einen Redebeitrag leisten; sie meinen, dass sie den eigentlichen Redebeitrag ja „nur" ankündigen, ohne dabei zu merken, dass sie drei wichtige Techniken bereits anwenden:

- bewusst einen Standort (vor der Klasse) einnehmen,
- Blickkontakt aufnehmen (zunächst zum linken Flügel, dann in die Mitte der Klasse, schließlich zum rechten Flügel; der Blick beschreibt dabei ein großes „M"),
- aus der Ruhe heraus anfangen.

Durch diese Vorwegnahme wird der „eigentliche" Redebeitrag spürbar entlastet. Das Ritual des Redebeginns sollte aber auch in den nachfolgenden Redebeiträgen beibehalten werden, denn es trägt dazu bei, die Anspannung abzubauen und das Lampenfieber besser zu bewältigen.

4.1.4 Erweiterte Übungsabfolge

Die oben skizzierten rhetorischen Lockerungsübungen bewirken eine deutliche Verbesserung des körpersprachlichen Ausdrucks, ein besseres Raumgefühl und mehr Sicherheit im Stehen vor anderen. Steht ausreichend Unterrichtszeit zur Verfügung oder fallen einzelne Teilnehmer weiterhin durch Unsicherheiten in Körpersprache und Sprechgestaltung auf, so kann eine zweite Übungssequenz angesetzt werden; Dauer: etwa 20 bis 30 Minuten.

Erste Übung: Synchronisation von Gefühl und Körperausdruck

- Wiederholung und Anknüpfung: den Raum wahrnehmen, Arme hängen lassen, entspannt atmen, Tempo variieren: von schnell bis langsam, dann in angemessenem Tempo
- sich in der Körperstatur verändern: ganz dünn ↔ ganz dick werden/klein ↔ groß/demütig-gebückt ↔ selbstbewusst-aufrecht
- die Körperhaltung den eigenen Gefühlen anpassen: traurig ↔ fröhlich / ängstlich ↔ zuversichtlich/misstrauisch-feindselig-abweisend ↔ wohlwollend-freundlich-sich öffnend

Zweite Übung: Den Klang der eigenen Stimme erleben

- in angenehmer Tonhöhe in die Handflächen summen (m), abwechselnd leiser und lauter werdend, dann prägnante Vokale (o – i – ü – a)
- Aufforderung an die gesamte Gruppe, gemeinsam ein Klangbild entstehen zu lassen (jeweils etwa 30 Sekunden) zu bekannten Situationen:
  - im Fußballstadion nach einer umstrittenen Schiedsrichterentscheidung
  - unter der Dusche nach dem gemeinsamen Sport
  - Schüler im Pausenhof nach Rückgabe einer Klassenarbeit
  - Gesprächsfetzen, wenn mehrere Personen auf engem Raum mit Handy telefonieren
  - mehrsprachige Lautsprecheransagen und private Gespräche auf einem Flughafen mit internationalem Publikum
- sich durch einen prägnanten Ausruf Aufmerksamkeit verschaffen und dadurch in Erinnerung bleiben (Mut zur eigenen Stimme und zum originellen Ausdruck!)

Dritte Übung: Pantomimische Partnerübungen

Sich durch Blickkontakt und einladende Mimik oder Gestik einen Partner suchen, um beispielsweise die folgenden Situationen gemeinsam zu bewältigen:

- gemeinsam ein Kind schaukeln oder ein langes Tischtuch zusammenlegen
- vierhändig Klavierspielen, dabei Takt halten und den Charakter des Musikstücks beachten
- Spiegelübung (einer macht vor, der andere spiegelt möglichst genau): *sich die Zähne putzen* oder *sich schminken* bzw. *sich rasieren*

Vierte Übung: Originelle Begrüßungs- oder Verabschiedungssätze

Teilnehmer stehen wieder im Kreis. Der Reihe nach wird (bei großen Gruppen nur eine Begrüßung, bei kleinen Gruppen zunächst eine Begrüßung und dann eine Verabschiedung) vorgetragen. Weniger erwünscht sind konventionelle Begrüßungen (etwa *„Guten Abend, meine sehr verehrten Damen und Herren!“*) oder Verabschiedungen, stattdessen sollen sich die Teilnehmer schwungvolle und originelle Formulierungen ausdenken, bei denen auch die Satzbaupläne variiert werden. Sprachliche Übertreibungen und eine gewisse Theatralik sind dabei durchaus willkommen. Der Lehrer kann als Beispiele etwa vorgeben: *„Auf euch habe ich gehofft, liebe Freunde, und deshalb heiße ich euch aufs herzlichste Willkommen!“* Oder: *„Eure konstruktiven Beiträge haben die Diskussion bereichert, dafür vielen Dank!“*

Fünfte Übung: Redeauftritt und Redeabtritt (Ritual)

Die Teilnehmer sitzen an ihren Plätzen und konzentrieren sich auf eine ruhige, entspannte Atmung *„Ich“* (Luft einströmen lassen) – *„bin“* (ausströmen lassen) – *„ganz“* (ein) – *„ruhig“* (aus). Der Reihe nach kommen sie nach vorne ans Redepult und nehmen ganz bewusst und ohne sich von ihrem Lampenfieber hetzen zu lassen die folgenden Schritte vor:

- Standort auswählen und Redehaltung einnehmen
- Visuelle Kontaktaufnahme mit dem Publikum durch intensiven Blickkontakt
- Auditive Kontaktaufnahme durch eine beliebige Begrüßungsformel
- In einem Satz formulieren sie eine ihnen wichtige Botschaft (das Thema wird vorher vereinbart, z. B. ein Tipp zur Rhetorik oder zum Verhalten in Diskussionen, einen Wunsch an die Gruppe o. Ä.)
- Applaus annehmen, dann erst abgehen

4.2 Übungen zur Sprechgestaltung

Methodische Überlegungen und Hintergrundinformationen

Die folgende Übung ist besonders für Unter- und Mittelstufe geeignet, wird aber – wenn der Lehrer hinter der Übung steht und sie selbst vormacht – selbst auf der Oberstufe noch gerne durchgeführt.

Die Klasse wird in sechs Gruppen eingeteilt, in der Regel also 4 bis 5 Schüler pro Gruppe. Jede Gruppe erhält einen der sechs Übungstexte, zur Verfügung stehen Aspekte der Sprechgestaltung und der Körpersprache:

1. deutliche Aussprache (s. KV Seite 75)
2. Sprechtempo und Pausentechnik (s. KV Seite 74)
3. angemessene Lautstärke (s. KV Seite 77)
4. sinngemäße Betonung (s. KV Seite 78)
5. Blickkontakt und Mimik (s. KV Seite 79)
6. Haltung und Gestik (s. KV Seite 80)

sowie Regieanweisungen (s. KV Seite 81)

Für die Gruppeneinteilung ist die Reihenfolge noch nicht relevant, für die sich anschließende Präsentation wird allerdings – im Sinne einer Steigerung – die vorgegebene Reihenfolge empfohlen. Angestrebt wird mit dieser Übungsfolge eine bessere *Synchronisation* von Sprechgestaltung und Körperausdruck.

Der Lehrer erläutert die Übung und trägt zur Veranschaulichung einen der sechs Übungstexte selbst vor. (Tipp: den Text, der ihm selbst am besten liegt) Erläutern sollte er vorab:

- das Problem der nicht zu verschluckenden *Endsilben* [ən]: Der ə-Laut braucht nur leicht anklingen, das n muss aber deutlich hörbar sein. Die Schüler sollten grundsätzlich auf alle Endsilben achten, in dieser Übung liegt der Schwerpunkt allerdings auf der unterstrichenen Endsilbe.
- die Kontrolle der *Stimmhaftigkeit*: Am Kehlkopf können die Schüler ihre Stimmhaftigkeit erfühlen: bei Stimmhaftigkeit – etwa beim [z] – ist ein deutliches Vibrieren zu spüren, bei Stimmlosigkeit – etwa beim [s] – ist keine Bewegung spürbar.
- die individuelle *Betonung*: Da Betonung vom individuellen Textverständnis abhängt, handelt es sich in diesem Teil bei den fett markierten Silben um Anregungen. Auch andere Betonungsschwerpunkte sind denkbar (s. KV Seite 81).
- *Grundsätzlich zur Betonung*: Diese Übung ist pädagogisch und methodisch sinnvoll, um Schülern, die noch recht monoton sprechen, zu einer bewussteren Betonung zu

verhelfen. Übertreibungen können in dieser Übungsphase und besonders bei jüngeren Schülern zugelassen werden. In einem fortgeschrittenen Stadium ist aber vor Überbetonungen und (den damit oft verbundenen) Selbstinszenierungen zu warnen. Die beste Betonung ist die, die gar nicht auffällt. Es kommt darauf an, den Text sprechen zu lassen und sich als Vorleser zurückzunehmen.

- den *Widerstand gegen das gespielte Lächeln*: Manche Schüler (besonders in der Pubertät) tun sich schwer mit einem Lächeln auf Befehl. In diesem Fall ist es schon als Erfolg zu werten, wenn diese Schüler etwas freundlicher bzw. etwas weniger ernst bei diesen Passagen wirken.
- das Problem der *Übertreibung*: Während Übertreibungen aus rhetorischer Sicht immer zu vermeiden sind, darf und soll in diesen isolierten Übungen kräftig übertrieben werden. Dies macht – in einem gewissen Maß – sogar den besonderen Reiz dieser Übung aus.

Das Training beginnt mit einer vierminütigen Stillarbeitsphase. Jeder Schüler liest seinen Text durch und überlegt, wie er die Vorgaben im Vortrag möglichst optimal umsetzen kann. Dann tragen die Schüler der Reihe nach ihren Text in der jeweiligen Gruppe vor. In einem kurzen Feedback werden jedem Schüler Tipps gegeben, wie er sich noch verbessern könnte. Nach den Feedbacks wird entschieden, wer die Vorgabe am besten umgesetzt hat. Diese zweite Phase dauert etwa 10 bis 12 Minuten.

Danach tragen die Besten aus den sechs Gruppen ihre Texte als „Modell mit Vorbildcharakter" der Klasse vor – in der vorgegebenen Reihenfolge – und erhalten dafür jeweils Applaus. Für diese Phase sind etwa 10 bis 12 Minuten einzuplanen. Alles in allem also 24 bis maximal 30 Minuten.

Damit die Schüler alle Teilfertigkeiten üben, bieten sich zwei Varianten an:

1. Jeder Schüler erhält Kopien von allen sechs Texten und damit den Übungsauftrag als Hausaufgabe. In der nächsten Stunde werden zur Kontrolle sechs Schüler aufgerufen, jeweils einen der Texte vorzutragen. Dies kann bei passender Gelegenheit wiederholt werden. In fortgeschrittenen Gruppen macht auch das „Auswürfeln" der Texte Spaß: Ein Schüler kommt nach vorne, der vorzutragende Text wird durch Würfeln bestimmt, und der Schüler muss nun spontan vortragen. Zu beachten: Dieses Verfahren verursacht einen hohen Aufwand an Kopien.
2. In den verbleibenden Minuten der Unterrichtsstunde gruppieren sich die Schüler neu, sodass in jeder Gruppe alle Texte vorhanden sind. Nun werden die Texte so ausgetauscht, dass jeder Schüler einen bisher noch nicht geübten Text erhält. In der Gruppe trägt nun jeder seinen Text vor und der bisherige Textinhaber gibt als „Fachmann" aufgrund seiner Erfahrung ein kurzes Feedback. (Bei diesem Kopien sparenden Verfahren empfiehlt es sich, die Sprechtexte zu laminieren.)

Bei beiden Varianten ist nicht vorgesehen, alle Schüler alle Texte vortragen zu lassen: Das wäre unökonomisch und für die Schüler auf Dauer zu langweilig. Dies ist erfahrungsgemäß auch nicht nötig: Vieles lernen die Schüler durch Beobachtung und genaues Zuhören von den Mitschülern. Das schließt allerdings nicht aus, dass der Lehrer einzelnen Schülern gezielt bestimmte Texte zur Übung ans Herz legt.

1. Deutliche Aussprache

Liebe Mitschülerinnen und Mitschüler,
in diesem kleinen Redebeitrag möchte ich mich ganz auf eine **deutliche Aussprache** konzentrieren. Ich achte besonders auf die Endsilben: Nichts darf verschluckt werden! Jeder Zuhörer soll alles genau verstehen.
Deshalb achte ich auf klare und schöne Vokale. Die Vokalfolge

i – e – ü – ö – u – o – ä – a

spreche ich so, dass man mir die einzelnen Vokale von den Lippen ablesen könnte. Bei **i** ist mein Mund breit, bei **ü** spitz und bei **o** eher rund.
Außerdem achte ich auf die Stimmhaftigkeit und Stimmlosigkeit der Konsonanten:
Stimmhaft, also mit summendem s-Laut ist **S**im**s**on **S**an**s**ibar aus **S**ee**s**en; stimmlos, also mit scharfem s-Laut ist dagegen Ha**ss**o Ke**ss**elhau**s** au**s** Ka**ss**el.
Bei **W**illy **W**inter**w**ald aus **W**esel spüren wir deutlich die Stimmhaftigkeit, nicht so bei **F**ischers **F**ritze aus **F**riedrichsha**f**en.
Bi**b**i **B**locks**b**erg aus **B**randen**b**urg klingt ganz anders als **P**eter-**P**aul **P**anter aus **P**aris.
Di**d**i **D**o**dd**el**d**ose aus **D**üssel**d**orf ist deutlich zu unterscheiden von **T**im **T**aler aus **T**imbuk**t**u.
Auch bei **G**ustav **G**ans aus **G**ünzbur**g** und **K**urt **K**aiser**k**amm aus **K**öln spüren wir deutlich den Unterschied zwischen stimmhaften und stimmlosen Lauten.
Selbst wenn diese **A**r**t**i**k**u**l**a**t**i**o**ns**ü**b**u**ngen anfangs nicht leicht fallen und regelmäßig wiederholt werden sollten, möchte ich sie euch empfehlen: Sie verbessern spürbar eure Aussprache!
Viel**en** **D**an**k** fürs **g**anz **g**enaue Zuhören!

2. Sprechtempo und Pausentechnik

(normales Tempo)

Liebe Mitschülerinnen und Mitschüler,
in meinem kleinen Redebeitrag möchte ich besonders auf Sprechtempo und Pausentechnik achten.

(schneller werdend)

Viele Menschen sprechen aus Aufregung viel zu schnell, denn ihr Lampenfieber treibt sie dazu an, immer schneller und schneller zu sprechen; ihnen sitzt ein lästiger Teufel im Nacken, der sie hetzt, den Redebeitrag möglichst rasch zu beenden.

(langsamer werdend)

Doch wie wirkt das auf die Zuhörer? Fühlen sie sich dann noch ernst genommen? Haben sie überhaupt eine Chance, alles zu verstehen? Ich glaube nicht! Und das wäre ein echter Fehler, denn damit wäre das Ziel des Sprechens verfehlt.

(mit deutlichen Sprechpausen)

Denn jeder – wirklich jeder – sollte doch alles – möglichst alles – verstehen. Ein angemessenes Sprechtempo – holt die Zuhörer dort ab, wo sie stehen. Dann erst – passt es sich dem Rede-Inhalt und der Stimmung des Redners an. Zu bedenken ist auch: Jede Sprech-Pause ist zugleich eine Mit-Denk-Pause – notwendig und hilfreich für die Zuhörer, damit sie das Gehörte verarbeiten und abspeichern können. Und nicht zu vergessen: Eine gut gesetzte Pause – kann wirken – wie ein Schrei!
Vielen Dank, dass ihr so aufmerksam meinem Sprechtempo und meinen Pausen gefolgt seid!

3. Angemessene Lautstärke

(normale Lautstärke)

Liebe Mitschülerinnen und Mitschüler,
ich will in meinem Übungstext besonders auf die Lautstärke achten. Denn immer wieder wird nach Redebeiträgen beklagt, dass der Redner zu leise gesprochen hat. Das klingt dann etwa so:

(immer leiser werdend)

Wie ihr alle wisst, geht es in meinem Referat um Heinrich Heine. Er wurde am 13. Dezember 1797 in Düsseldorf als Sohn des Tuchhändlers Samson Heine und seiner Frau Betty geboren. Berühmt wurde er durch seine ironischen Liebesgedichte. 1831 ging er nach Frankreich ins Exil. Nach langem Leiden starb er am 17. Februar 1856 in Paris.

(wieder lauter werdend)

Ihr spürt deutlich: Das war zu leise! Ein guter Redner sollte daher leicht die Stimme erheben, er sollte etwas lauter sprechen als bei einem normalen Gespräch unter Freunden. Er sollte sich allerdings davor hüten, zu laut zu werden, denn das klingt unangenehm.

(normale Rednerlautstärke, leicht erhoben, mit Variation)

Zwischen „zu laut" und „zu leise" gibt es einen angenehmen Mittelweg: die angemessene Lautstärke! Diese lässt sich nicht exakt festlegen, vor allem sollte man nicht monoton in einer Lautstärke sprechen. Vielmehr sollte der Redner, so wie es der Inhalt erfordert, in seiner Lautstärke variieren. Auf jeden Fall sollten ihn die Zuhörer selbst in der letzten Reihe noch gut verstehen.
Ich hoffe, dass ihr mich alle gut verstanden habt! Für eure Redebeiträge wünsche ich euch stets die angemessene Lautstärke!

4. Sinngemäße Betonung

Liebe Mitschülerinnen und Mitschüler,
mir geht es besonders um die **sinn**ge**mä**ße Betonung. Wer monoton spricht, lässt **of**fen, welche Schwerpunkte er setzen möchte. Doch wie **klingt** monotones Sprechen?

(monotones Sprechen vormachend)

Der Redebeitrag ist dann wie ein Brei von vielen Wörtern, Wort für Wort aneinandergereiht, ohne Sinn und Verstand vorgetragen, langweilig, schwerfällig und unverdaulich für die Zuhörer, die nicht erkennen können, was wichtig und was weniger wichtig ist, die daher zu gähnen anfangen und allmählich das Interesse verlieren …

(lebhaft, durchaus mit übertriebener Betonung)

Wirkungsvolles Sprechen lebt dagegen von **sinn**vollen Schwerpunkten, von Höhepunkten und von einer schwungvollen Intonation. Was **wich**tig ist, wird betont! Und dabei gilt: Sätze haben meist **ei**nen Aussageschwerpunkt, der betont werden sollte.

(mit gemäßigter Betonung)

Vor Übertreibungen sollte man sich allerdings hüten. Die beste Betonung ist nämlich die, die gar nicht auffällt. Es kommt darauf an, den Text selbst sprechen zu lassen und sich als Vorleser möglichst zurückzunehmen! Entscheidend ist doch, dass die Zuhörer den Sinn des Textes verstehen.
In diesem Sinne wünsche ich euch eine Betonung, die vor allem zum Text passt. Haben eure Zuhörer seine Botschaft verstanden, werden sie mit Ap**plaus** nicht sparen.

5. Blickkontakt und Mimik

(Markierungen mit deutlich erkennbarem Blickkontakt)

Liebe Mit**schülerinnen**, liebe Mit**schüler**,
ich spreche über Blickkontakt und Mimik. Wenn ich **zu euch** spreche, sollte ich **euch alle** anschauen: manchmal **alle auf einmal**, das andere Mal wähle ich aus, zu wem ich Blickkontakt aufnehme. Wenn es für die Mädchen wichtiger ist, blicke ich **einige Mädchen** an; sind eher die Jungen betroffen, dann blicke ich **einige Jungen** an. Ist es besonders für Erwachsene wichtig, dann kann ich auch einmal unsere Lehrerin oder unseren **Lehrer** anschauen. Durch **gezielten** Blickkontakt erreiche ich eine höhere Aufmerksamkeit – hoffentlich auch **bei euch**!

(Markierungen mit deutlich erkennbarer Mimik)

Da ihr mich nicht gleich auffresst, nur weil ich eine Rede halte, schaue ich euch **freundlich** an. Natürlich nicht übertrieben freundlich und schon gar nicht **grinsend**. Aber mit einem **kleinen Lächeln** gewinne ich vielleicht euer Wohlwollen.
Ich weiß doch: Das fällt nicht jedem leicht. Wer kann schon auf Knopfdruck **lächeln**? Wir sind ja schließlich keine Schauspieler!
Oder doch? Wer ohne es zu wollen **ernst** und **unfreundlich** schaut, könnte doch, wenn er es will, ein bisschen **lächeln**!
Daher möchte ich empfehlen: Seid nicht nur **sachlich** und **ernst**, sondern versucht auch eure Zuhörer durch ein **freundliches Lächeln** für euer Thema zu gewinnen.
Über ehrlichen Applaus am Schluss dürft ihr euch **wirklich freuen**!
Denn das tue ich auch, wenn es **ehr**lich gemeint ist!

6. Haltung und Gestik

(Markierungen mit deutlich erkennbarer Haltung)

Liebe Mitschülerinnen, liebe Mitschüler,
Haltung und **Gestik** – das ist mein Thema. Wer vor anderen spricht, sollte einen **festen Standpunkt** beziehen: Die Füße stehen etwa hüftbreit **fest auf dem Boden**, man steht **aufrecht** – natürlich ohne zu schwanken! Durch die Körpersprache wird deutlich: Der Redner ist wie ein Fels in der Brandung. Seiner Sache gewiss, strahlt er Sicherheit aus, denn er weiß, wovon er spricht.

(Markierungen mit deutlich erkennbarer Gestik)

In Haltung und Gestik geht man **auf die Zuhörer zu**, man **begrüßt** sie **freundlich**, indem man **die Arme ausbreitet**; keinesfalls sollten die **Arme verschränkt** sein, denn das wirkt auf die Zuhörer wie eine Ablehnung. Die Gestik sollte man nicht blockieren, indem man die Hände **ineinander verschränkt** oder **in den Hosentaschen** versteckt. Natürlich sollten auch die **Beine** nicht **überkreuzt** werden, denn dadurch wird die Haltung instabil und man gerät leicht ins Schwanken.
Entweder lässt der Redner **die Arme hänge**n und vertraut darauf, dass sich die **Gestik von selbst entfaltet**. Oder er nimmt die Hände locker **in den Bereich des Bauchnabels** und lässt sie von dieser Position aus die Bedeutung der Rede unterstreichen:
Wenn man wütend ist, darf man auch einmal **die Faust ballen**. Arbeitet man mit einer Folie oder einem Tafelanschrieb, dann zeigt man **mit offener Hand** oder **gestrecktem Zeigefinger** auf die Visualisierung. Will man auf die **drei Punkte** in seiner Rede hinweisen, dann zeigen die Finger zunächst **die Eins**, dann **die Zwei** und schließlich **die Drei**.
Ist er mit seiner Rede zum Schluss gekommen, **verneigt sich** der Redner **leicht** und freut sich über den Applaus.

7. Einige „Regieanweisungen“ zur Redewirkung:

Betonte Wörter unterstreichen: einfach oder doppelt

Pausenzeichen setzen: | für Pause / ✔ für Atmung
|| für nachdrückliche Pause

Atemzeichen setzen: ✔ bei langen Sätzen

Variationen markieren: laut – leise / schnell – langsam

Intonation markieren: ↗ Stimme bleibt oben ↘ Stimme senkt sich

bewusster Blickkontakt: 

öffnende Arme: 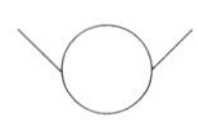

Anklage-Gestik: 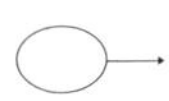

Abwehr-Gestik: 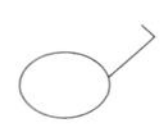

Auf Zuhörer verweisen: 

Auf sich selbst verweisen: 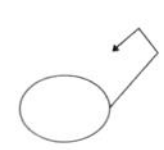

Zeigen eines Gegenstands: 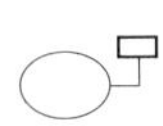

Aufzähl-Gestik: 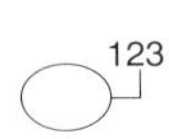

Nachdrückliche Gestik: 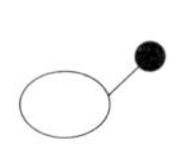

4.3 Von der Alltagserfahrung zur rhetorischen Regel

Vorbereitungen

Bei dieser Übung werden die Schüler abgeholt, wo sie zu Beginn einer Unterrichtseinheit stehen, und zu einer ersten einfachen Theoriebildung hingeführt; gleichzeitig werden sie für die Struktur einer Visualisierung sensibilisiert und sie üben sich an der Tafel in einem kürzeren freien Redebeitrag.

Grundlage dieser Übung ist ein Arbeitsblatt[6] (s. KV Seite 86), das in seiner Struktur dem Tafelbild entspricht. Die Schüler werden aufgefordert, in einer Stillarbeit von drei bis vier Minuten ihre bisherigen Erfahrungen zu (Kurz-)Referaten (oder anderen Redebeiträgen) abzurufen. In knappen Stichworten sollen sie auf der linken Spalte festhalten, was bei Referaten zu vermeiden wäre. Entsprechend sollen sie auf der rechten Spalte erwünschte Fähigkeiten, Techniken oder Verhaltensweisen aufschreiben.

Obwohl die Schüler später nur ein Stichwortpaar an der Tafel präsentieren brauchen, sollen sie mindestens fünf Stichwortpaare notieren. Dies hat seinen Grund darin, dass sie bei der anschließenden Tafelübung damit rechnen müssen, dass ihnen der Vorredner ihren Gedanken vorwegnimmt. Sie sollen sich also der Situation anpassen und flexibel reagieren können. Dafür benötigen sie diese Auswahlmöglichkeiten.

Die Tafelübung ist ein willkommener Anlass, einmal grundsätzlich über die Funktion der Tafel als Visualisierungsmedium zu sprechen. Zumindestens ist es ratsam, den Schülern bewusst zu machen, dass das Tafelbild stillschweigend eine Rede-Struktur vorgibt: Da wir in unserer Zivilisation von links nach rechts schreiben und lesen, ist auch die Reihenfolge für die Präsentation festgelegt: zuerst das Negative (bzw. der rhetorische Ist-Zustand), dann das Positive (bzw. der Soll-Zustand)! Diese Struktur ist eine bewusste Setzung des Redner-Ich, je nach Redeanlass oder -ziel kann diese Reihenfolge umgekehrt[7] oder modifiziert[8] werden.

In unserem Fall wird zuerst das Negative angesprochen, weil dies in der praktischen Rhetorik der Stein des Anstoßes ist: Könnten alle Menschen perfekt sprechen, bedürfte es keiner Rhetorik; solange aber Menschen nicht frei sprechen können, nicht wissen, wie sie einen Vortrag gliedern sollen, oder die Technik des gezielten Schluss-Satzes nicht kennen, bedarf es der rhetorischen Anleitung und Übung.

Bevor es zur Tafelübung kommt, kann der Lehrer anbieten, mit den Schülern die oben skizzierten Aufwärm- und Lockerungsübungen zu machen (vgl. Seite 65-70).

---

6 Dieses Arbeitsblatt bzw. Tafelbild kann – bei gleicher Übung – modifiziert werden. Geht es nicht um die Referatstechnik einer Lerngruppe, sondern um allgemeine Regeln zur Rhetorik, so kann als Überschrift gesetzt werden: „Ein(e) gute(r) Redner(in) sollte ...“. Geht es um Grundsätze der Visualisierung, so bietet sich als Überschrift an: „Bei der visuellen Präsentation sollten wir ...“. Im Bereich der Gesprächstechniken könnte die Überschrift lauten: „Bei Diskussionen sollten wir ...“ usw.

7 Möglich wäre bei anderen Themenzusammenhängen etwa „Nachteile – Vorteile“ bzw. „Vorteile – Nachteile“.

8 Denkbar wäre beispielsweise ein dreispaltiges Schema „Vergangenheit – Gegenwart – Zukunft“ o. Ä.

Strukturiertes Sprechen – freies Sprechen

Bei der Übung an der Tafel kommen die Schüler einzeln nach vorne. Von ihrem Arbeitsblatt haben sie sich ein Stichwortpaar eingeprägt. Zunächst begrüßen sie das Auditorium, dann führen sie zum Thema hin, etwa: „Ihr habt bestimmt auch schon häufig beobachtet, wie schwierig es ist, einem Referat zu folgen, wenn ..." Der Schüler greift also auf gemeinsame Erfahrungen zwischen Redner und Zuhörern zurück, um das jeweilige Thema (z.B. Blickkontakt) über die Negation (stures Ablesen) zu einer gemeinsamen Sache von Redner und Zuhörer zu machen. Sobald er den zu verändernden Ist-Zustand anschaulich geschildert hat, hält er das entsprechende Stichwort in der linken Spalte fest.

Daraufhin entwickelt er seine Gedanken mit dem Ziel, auch den rhetorischen Soll-Zustand auf den Punkt zu bringen und an der Tafel zu visualisieren.

Nachdem er beide Stichworte an der Tafel fixiert hat, beendet er seinen Redebeitrag mit einem gezielten Schluss-Satz (kurz: Zielsatz [L] genannt); hierzu einige Beispielsätze zur Verdeutlichung und als Anregung (s. Seite 84).

Diese Beispiele genügen in diesem Zusammenhang meist, um die Technik des Zielsatzes ein erstes Mal erfahrbar zu machen. Später finden sich genügend Anlässe, um die Technik des Zielsatzes ausführlicher zu behandeln und zu trainieren.

Zielsätze zum Thema „Rhetorik"

Denn nur wer verständlich spricht,
kann auch wirklich verstanden werden.

Was also ist das A und O des guten Redners?
Variation, Variation und nochmals Variation!
(Variation, Variation und nochmals – Abwechslung)

Verzichtet also auf weitschweifige Erklärungen,
bringt eure Botschaft kurz und prägnant auf den Punkt
und die Zuhörer werden es euch danken.

Daher rate ich: Bewältigt eure Nervosität
und bleibt selbst in schwierigen Rede-Situationen
möglichst gelassen!

Setzt Gestik gezielt ein und unterstreicht damit,
was euch wesentlich ist.

Gute Kommunikation ist keine Einbahnstraße,
sondern immer ein Dialog in Rede und Gegenrede.
Daher habt nun ihr das Wort!

Wer diese einfachen Techniken anwendet,
ist auf bestem Weg, ein guter Redner zu werden.

Selbst Schülern der Unterstufe gelingt es in aller Regel, ihren Redebeitrag frei zu halten. Denn mit dem Tafelbild haben sie sich eine horizontale[9] Struktur (zuerst das Negative, dann das Positive) eingeprägt, die sich mühelos erweitern lässt zu einer kleinen Dramaturgie (reden, schreiben, reden, schreiben, reden). Diese Struktur ist mnemotechnisch hilfreich, denn sie gibt den Schülern Sicherheit: Sie kommen nach vorne und vertrauen darauf, dass ihnen zu der leicht zu merkenden Struktur die Gedanken zufließen.

[9] In höheren Klassen kann an dieser Stelle auch der Begriff der vertikalen Struktur eingeführt werden: Gemeint ist, dass sich von oben nach unten ein Punkt folgerichtig aus dem vorangehenden ergibt. Mithilfe dieses Netzes aus horizontaler und vertikaler Struktur können sich Schüler erstaunlich viele Inhalte einprägen und damit auch länger frei sprechen.

Methodische Überlegungen und Zeitplanung

Diese Übung an der Tafel ist in hohem Maß schülerzentriert – inhaltlich, weil die Schüler von ihren Erfahrungen und Beobachtungen ausgehen dürfen, methodisch, weil der Lehrer lediglich dem ersten Schüler-Redner – freundlich lächelnd – die Kreide überreicht, sich danach aber zurückzieht, um die Schüler zu beobachten und beispielsweise Feedback-Bögen auszufüllen. Die Schüler rufen sich durch Überreichen der Kreide gegenseitig auf, sodass es auch in dieser Funktion des Lehrers nicht bedarf.

Empfehlenswert sind 8 bis 12 Beiträge an der Tafel, auf Unter- und Mittelstufe sind pro Redebeitrag etwa 90 Sekunden zu veranschlagen, auf der Oberstufe etwa zwei Minuten pro Redebeitrag. Der Lehrer ist also gut beraten, bei knappem Zeitbudget für die Präsentation mindestens zwölf Minuten, im Idealfall rund 24 Minuten einzuplanen. Zeigen die Schüler viel Spaß an der Übung oder sind viele Anregungen noch nicht genannt, kann diese Übung auch eine Schulstunde dauern.

Im Sinne einer straffen Unterrichtsplanung kann bei dieser Übung auf ein Feedback zu jedem Redebeitrag verzichtet werden. Der Lehrer sollte allerdings summarisch einige wesentliche Beobachtungen zur rhetorischen Leistung seinen Schülern spiegeln und die Übung auch kurz auswerten: Er hebt anerkennend hervor, dass die Teilnehmer frei gesprochen haben, was sie einer leicht zu merkenden Struktur verdanken.

Von Alltagserfahrungen der Schüler zur Theoriebildung

Nach dieser schülerzentrierten Übung hätte nun der Lehrer Gelegenheit, die vielen rhetorischen Anregungen an der Tafel zu begutachten und zu bewerten. Besser wäre es allerdings, diese – in aller Regel vernünftigen – Anregungen als Erfahrungen seiner Schüler zunächst so stehen zu lassen, wie sie formuliert sind.

Denn solche Alltagserfahrungen ließen sich beliebig auf 15, 20 und mehr Regeln erweitern, für die Schüler ist es aber kaum möglich, sich so viele Regeln zu merken und diese dann während eines Referats auch zu beachten. Sinnvoller ist es hingegen, ein Modell vor Augen zu haben, das die rhetorische Situation verdeutlicht, und davon eine Handvoll Regeln abzuleiten.

Der Lehrer wird hierzu eines der im zweiten Kapitel skizzierten Modelle verwenden. Steht in der Unterrichtseinheit die Referatstechnik im Vordergrund, so empfiehlt sich – ausgehend von den aristotelischen Instanzen *Thema*, *Redner* und *Zuhörer* – das Dreieck mit den zwei zentralen und sich ergänzenden Regeln: „Sprich nur so sachorientiert wie nötig!" und „Sprich so du-orientiert wie möglich!" Ideal ist es, wenn es dem Lehrer gelingt, aus den Anregungen an der Tafel durch Abstraktion Regeln abzuleiten. Schlägt beispielsweise ein Schüler vor, dass man seine Gedanken gut gliedern soll, so kann der Lehrer daraus die Regel ableiten: „Sprich strukturiert!" Gleichermaßen lässt sich auch die Regel „Sprich frei, wenn es die Situation ermöglicht oder erfordert!" aus unterschiedlichen Anregungen der Schüler ableiten. Für die Präsentation des Modells und die Entwicklung der Regeln sollte eine Schulstunde genügen, sodass für diese Übungssequenz insgesamt zwei Schulstunden eingeplant werden müssen.

Bei Referaten sollten wir …

vermeiden:	tun oder beachten:
•	▸
•	▸
•	▸
•	▸
•	▸
•	▸
•	▸
•	▸
•	▸
•	▸
…	…

Welche Fehler sollten beim Referatehalten vermieden werden? Welche Regeln oder Ratschläge möchtest du deinen Mitschülern vermitteln? Bedenke deine bisherigen Erfahrungen und sammle in möglichst knappen Stichworten etwa fünf persönliche Empfehlungen. Beispiele:

Wir sollten vermeiden:	**Daher sollten wir …**
▸ zu schnell zu sprechen	▸ Pausen machen
▸ stures Ablesen	▸ Blickkontakt halten

4.4 Rede- und Gesprächsspiele zu fiktiven Inhalten

Lernspiele zu fiktiven Inhalten sind gerade im Bereich der praktischen Rhetorik von unschätzbarem Gewinn:

- Sie ermöglichen es Schülern, durch den Rollenwechsel aus sich herauszugehen und ungewohnte körpersprachliche Ausdrucksformen, Sprechweisen und Argumentationsweisen auszuprobieren, somit das rhetorische Verhaltensrepertoire zu erweitern.
- Sie können zumeist mit geringer inhaltlicher Vorbereitung bzw. geringem Vorwissen durchgeführt werden, haben aber im Hinblick auf die angestrebten Rede- und Gesprächstechniken einen hohen Trainingseffekt.
- Sie regen die Fantasie an, konkret: Im Spiel um fiktive Inhalte wird das weitgehend unzensierte Suchen nach Argumenten und kreativen Bewältigungsstrategien gefördert, Schüler werden zu originellen Lösungen ermutigt.
- Sie bieten Schülern einen willkommenen Methodenwechsel.
- Sie machen Spaß und schaffen eine entspannte Arbeitsatmosphäre.

Damit dies gelingt, ist gerade bei Lernspielen auf Disziplin im Klassenzimmer zu achten: Das Schulmobiliar sollte zügig und möglichst geräuschlos beiseite geräumt werden, die Lautstärke muss auch von den Schülern selbstverantwortlich kontrolliert werden, die Spielregeln sowie die üblichen Regeln für Fairness und Rücksichtnahme müssen eingehalten werden; und selbstverständlich wird erwartet, dass redetechnische Vorgaben wie deutliche Aussprache, Blickkontakt, Mimik, Gestik usw. erfüllt werden. Kurz: Lernspiele und eine disziplinierte Arbeitsatmosphäre schließen sich nicht aus! Dass das Spielen kein Selbstzweck ist, sondern eine Funktion im Hinblick auf konkrete Unterrichtsziele hat, zeigt sich auch in der anschließenden Auswertung von Spielen und im Feedback für einzelne rhetorische Leistungen.

„Die Ballonfahrt"

Zur Förderung des körpersprachlichen Ausdrucks und der Argumentationsfähigkeit dient ein Redespiel, das ab der 6. Klasse mit großem Gewinn einsetzbar ist und sich unter den Teilnehmern bis hin zur Oberstufe großer Beliebtheit erfreut.

Acht bis zwölf Schüler sitzen wie bei der „Fishbowl"-Methode im Kreis; der Rest der Klasse sitzt – am besten auf den höheren Tischen – um die Spieler herum: Sie sind die Richter. Die Schüler im Kreis befinden sich in einem Heißluftballon irgendwo auf dem Weg von Europa nach Amerika, als nach und nach die Heißluft ausgeht und der Ballon im Atlantik zu versinken droht. Hilfe ist weit und breit nicht in Sicht, es gibt weder Handy, noch Funkgerät, noch Rettungsboot. Da kommt die Idee auf, dass die Gruppe möglicherweise zu retten wäre, wenn sich einer der Insassen opfert, ins Wasser und damit in den sicheren Tod springt, um dadurch dem Ballon wieder neuen Auftrieb zu geben. Zudem lässt der sich verstärkende Passatwind hoffen, dass durch dieses zunächst verwerflich erscheinende Verfahren die anderen gerettet werden.

Alle Insassen sind mit dem Verfahren einverstanden: Die Ballonfahrer dürfen – einer nach dem anderen – aufstehen, um kurz zu begründen, warum sie nicht springen möchten; dabei setzen sie unwillkürlich Gestik und Mimik ein, um ihre Zuhörer von ihrem Anliegen zu überzeugen. Danach stimmen die Richter darüber ab, wer den Ballon verlassen muss. Nach einer kurzen improvisierten Abschiedsrede gesellt sich der ausgeschiedene Teilnehmer zur Gruppe der Richter. Dieses Spiel wiederholt sich – da der Ballon nach jedem vorübergehenden Auftrieb wider Erwarten erneut zu sinken beginnt – zehn Mal, bis am Schluss der (überlebende) Sieger feststeht. Für dieses Spiel genügen in der Regel 45 Minuten; wenn die Zeit knapp wird, können bei einzelnen Runden auch zwei (oder mehr) Spieler zum Verlassen des Ballons ausgewählt werden.

Diese Redeübung ist ein Rollenspiel: Die Schüler müssen aus selbst gewählten Rollen heraus auftreten und argumentieren. Meist wählen Schüler dabei Typen wie den verantwortungsvollen Kapitän, die Wissenschaftlerin, die die Welt vor einer schlimmen Krankheit zu retten vermag, oder einfach nur eine schwangere Frau, die zugleich ihr ungeborenes Kind retten möchte; beliebt sind auch Prominente wie der jeweilige Fußballbundestrainer, Thomas Gottschalk bzw. Günter Jauch oder Musik- und Filmstars. Als Variante können auch historische, religiöse und politische Rollen (von Luther, Gutenberg, Kolumbus, über Mohammed, Gandhi und Mutter Teresa bis hin zur Bundeskanzlerin oder zum amerikanischen Präsidenten) zugelassen werden. Als Spielleiter hält der Lehrer die einzelnen Rollen an der Tafel fest und leitet die Abstimmung („Wer ist dafür, dass x, y, z in dieser Runde den Ballon verlassen muss?"). Dabei achtet er darauf, dass nicht über die Person des Schülers, sondern immer nur über die verkörperte Rolle und deren Argumentation abgestimmt wird. Wenn noch etwas Zeit bleibt, kann das Spiel ausgewertet werden: Schlechte Überlebenschancen haben erfahrungsgemäß Wichtigtuer („Ich bin der Einzige, der …"), aggressive oder langweilige Rollen; gute Überlebenschancen haben bescheidene, konstruktive oder humorvolle Rollen. Überraschender Lerneffekt dieses Spiels: Oftmals ist die Rolle, aus der heraus argumentiert wird, wichtiger als die eigentliche Argumentation.

„Der Segeltörn"

Eine (pädagogisch bzw. moralisch unbedenklichere, dafür aber nicht so spannende) Variante ist der „Segeltörn". Die ganze Klasse hat an einem Wettbewerb (z. B. für Fairness, für Zivilcourage oder für Verzicht auf Nikotin, Alkohol oder Drogen) teilgenommen und einen einwöchigen Segeltörn in der Karibik als Siegerprämie in Aussicht gestellt bekommen. Die Mehrheit der Mitschüler (die Richter) haben bereits ihre Platzkarte, da stellt sich heraus, dass aufgrund einer bedauerlichen Fehlbuchung einige Schülerinnen und Schüler nicht mitgenommen werden können.

Acht bis zwölf Schüler streiten nun um die letzten vier freien Plätze auf dem Segelboot.

Spaßthemen

Die Idee des Wettstreits ist auch das tragende Element bei einer Reihe von Spaßthemen. Die Spielstruktur ist dabei immer ähnlich: Einer Jury oder dem Rest der Klasse werden in ironischer Umkehrung die absurdesten Meinungen zu Gehör gebracht:

- „eine neue olympische Disziplin" (gemeint sind unsportliche Disziplinen wie das Wetttrinken, das Vordrängeln, das Wettschlafen o. Ä.),
- „die bedeutendste Erfindung der Menschheit" (Gemeint sind die banalsten Alltagsgegenstände wie die Büroklammer, der Radiergummi, die Haarspange.),
- „die wertvollste rhetorische Regel" (gemeint sind Verhaltensweisen, die eigentlich zu vermeiden wären, wie das sture Ablesen vom Manuskript, extrem schnelles Sprechen oder eine chaotische Gliederung).

Trotz des Spaßcharakters ist aber auf die rhetorischen Techniken zu achten, die vorab als Bewertungskriterien vereinbart worden sind. Neben der Originalität der Gedanken können dies beispielsweise die folgenden Techniken sein:

- Redeauftritt und -abtritt; Position und Stehen im Raum, Haltung
- Kontaktaufnahme sowie Blickkontakt, Mimik und Gestik
- Sprechgestaltung (Sprechtempo, Pausentechnik, Lautstärke, Betonung)
- Argumentation (drei Argumente mit Stütze des gewichtigsten Arguments)
- Zielsatz („Und deshalb bin ich der festen Überzeugung, dass dieser unscheinbare Gegenstand in Wirklichkeit die bedeutendste Erfindung der Menschheit darstellt.")

Damit bei diesen Spaßthemen alle Schüler zum Reden kommen, wird die Klasse zunächst in Vierer- bis Sechser-Gruppen aufgeteilt. In diesen Gruppen tragen alle Schüler ihre Gedanken vor. Durch Abstimmung entscheiden die einzelnen Gruppen, wer jeweils der Beste ist. Vor dem Plenum der Klasse treten dann die Besten zum Wettstreit gegeneinander an.

Bei zügiger Durchführung kann dieses Spiel in 30 Minuten durchgeführt werden. In der verkürzten Variante (Vortrag nur in den Gruppen) müssen 20 Minuten eingeplant werden. Bei ausführlichem Feedback bzw. „Urteilsbegründung" durch die Jury wird eine ganze Unterrichtsstunde benötigt.

Fantasia

Programmatisch ist auch der Titel[10] des letzten Spiels, das hier skizziert werden soll. Es leitet von der Einzelrede über zum dialogischen Sprechen, bleibt inhaltlich aber noch ganz im fiktionalen Bereich.

Im Auftrag der Fantasia KG ist vor einem Jahr ein Team mit vier Experten zu einer Expedition ins Land Utopia aufgebrochen. Die Wissenschaftler kommen (je nach Interesse und Bildungsstand der Schüler) aus unterschiedlichen Wissensgebieten: Biologie, Physik, Chemie, Geografie, Sprachwissenschaft, Archäologie und Geschichte,

10 Bereits bei Berthold 1993 unter dem Titel „Utopia" beschrieben, hier aber mit einer deutlichen Akzentverschiebung auf das Beobachten und Handeln in einer komplexen Gesprächssituation.

Verhaltensforschung o. Ä. Seit einer Woche ist das Team wieder zurück und hat sich intensiv auf das heutige Treffen in der Fantasia KG vorbereitet. Zur Firmenleitung gehören der Seniorchef Gotthilf Südsee (starkes Harmoniebedürfnis), seine Tochter Dr. Friedegund Südsee (sehr innovativ), der juristische Beistand Dr. Alfred Dschungel (auf Korrektheit und Moral bedacht) und die Finanzberaterin Frau Erika Schein (effizienter Kapitaleinsatz).
Das Experten-Team steht vor einer doppelten Aufgabe:

1. Es muss Bericht erstatten über seine Forschungsergebnisse, dabei wirkt es sicherlich positiv, wenn die Teammitglieder auf ihre gute Zusammenarbeit verweisen.
2. Außerdem will es sich Gelder für eine weitere Expedition nach Utopia genehmigen lassen. Dazu muss sie die strenge Firmenleitung von der Notwendigkeit und Ergiebigkeit einer neuen Forschungsreise überzeugen. Leider stellt sich im Verlauf der Verhandlung heraus, dass die finanziellen Mittel der Fantasia KG inzwischen so begrenzt sind, dass sich nur noch ein Forscher auf den Weg machen darf. Ob es der kompetenteste Experte mit der besten Aussicht auf Erfolg und Gewinn für das Unternehmen sein wird oder der sympathischste Gesprächsteilnehmer oder der geschickteste Redner – das bleibt zunächst noch offen.

In dieser fiktiven Verhandlung sitzen sich nun vier sehr kritische Mitglieder der Firmenleitung, die ganz unterschiedliche Schwerpunkte setzen, und vier Forscher in einer Konkurrenzsituation einander gegenüber. Die Gesprächsdauer wird auf 20 Minuten begrenzt, die Finanzberaterin erhält den Auftrag, nach 10 Minuten zur Überraschung des Forschungsteams einzuwerfen, dass nur noch für einen Experten Geld zur Verfügung steht. Am Ende des Gesprächs verkündet jedes Mitglied der Firmenleitung, wen es für das Forschungsprojekt bevorzugt.

Diese Gesprächssituation lässt eine spannende Verhandlung erwarten. Die acht Gesprächsteilnehmer sitzen nach der Fishbowl-Methode in der Mitte des Klassenzimmers, die Mitschüler sitzen mit folgenden Beobachtungsaufträgen in einem Kreis um den Verhandlungstisch herum:

1. Was sind die stärksten Argumente?
2. Wer reagiert am raschesten/am flexibelsten auf den Gesprächsverlauf?
3. Wer hat sich am stärksten auf andere Gesprächsteilnehmer bezogen, angeknüpft oder aktiv zugehört?
4. Welche körpersprachlichen Signale und Reaktionen sind zu beobachten?
5. Wer hat von seiner Rolle, seinem Auftreten her am glaubwürdigsten gewirkt?

Während sich die Gesprächsteilnehmer etwa drei bis fünf Minuten auf ihre Rollen vorbereiten (die Mitglieder der Firmenleitung sammeln kritische Fragen, die Forscher erfinden möglichst überzeugende Argumente und anschauliche Beispiele), erläutert der Lehrer den anderen Schülern die Beobachtungsaufträge; je nach Gruppe können diese auch arbeitsteilig vergeben werden. Die Anzahl der Beobachtungsaufträge lässt sich durch Spezialisierung verdoppeln, indem ein Teil nur das Forschungsteam, der andere Teil nur die Firmenleitung beobachtet.

Nach der Verhandlung haben zuerst die Gesprächsteilnehmer Gelegenheit, in einem Kurz(!)-Statement ihren Eindruck zu formulieren, bevor die Beobachter das Geschehen kommentieren. Aufgabe des Lehrers ist es abschließend, die relevanten Einsichten an der Tafel zu sammeln und die wichtigsten Regeln und Definitionen der Gesprächsrhetorik zu formulieren.

4.5 Strukturiertes, freies und spontanes Sprechen

4.5.1 Vom Ablesen zum freien Sprechen

Es gehört zu den Grundüberzeugungen praktischer Rhetorik, dass Redner möglichst frei sprechen sollten, dies freilich in Abstufungen: Ganz frei gilt gemeinhin als Ausdruck höchster rhetorischer Kompetenz, stichwortgestütztes freies Sprechen als erstrebenswertes Ziel für alle Schüler; wird dagegen vom Manuskript abgelesen, so wird zumindest bei Kontaktaufnahme und Zielsatz sowie bei inhaltlichen Höhepunkten Blickkontakt erwartet.

Aus methodischer Sicht ist der Ausgangspunkt ein anderer. Menschen sind naturgemäß bei Redebeiträgen vor anderen aufgeregt, sie verspüren Lampenfieber, sie haben Angst, den Faden zu verlieren, und deshalb greifen sie – aus Sicherheitsgründen – zum Manuskript und nehmen damit billigend in Kauf, dass sie dadurch in wesentlichen rhetorischen Grundfähigkeiten eingeschränkt sind.

Daher ist es aus pädagogischen Gründen hilfreich, erst einmal über diese Redeängste zu sprechen (vgl. hierzu das Arbeitsblatt „Lampenfieber", s. KV Seite 93), dann durch unterschiedliche Übungen das Sprechen vor anderen einzuüben und ein stärkeres Gefühl der Sicherheit und damit auch Selbstbewusstsein zu vermitteln. Danach erst benötigen Schüler selbstverständlich auch methodische Hinweise zum Umgang mit Manuskript, Stichworten und Medien. Günstiger als in der Form von wohlmeinenden Appellen ist es, Schülern persönliche Entwicklungsmöglichkeiten (s. FV Seite 94) aufzuzeigen und ihnen selbst die Beantwortung der Fragen zu überlassen:

1. Wie schätzt du dich ein? Auf welcher Stufe stehst du? Mit welcher Vermittlungsmethode fühlst du dich sicher?
2. Welche Stufe strebst du an? Welche Vermittlungsmethode möchtest du bei deinem nächsten Referat gerne ausprobieren?

Bei dieser Vorgehensweise rückt das erstrebenswerte (Fern-)Ziel, die freie Rede, für Schüler näher, denn sie können ihre Entwicklung zum freien Sprechen in kleinen Schritten selbstverantwortlich gestalten. Diese fünf Vermittlungsmethoden (ausführlich in Gora 2001) sind hier nur kurz skizziert (s. KV Seite 95).

Ein Schlüsselbegriff bei der „Hinführung zum freien Sprechen" (vgl. Gora 1992) ist der Begriff „Struktur". Wann immer es sich im Rahmen der Praktischen Rhetorik anbietet, sollten Schüler bei ihren Redebeiträgen angehalten werden, sich die Struktur ihres Redebeitrags bewusst zu machen. Oft genügen schon zwei bis drei Minuten Vorbereitungszeit, um auf einem Zettel eine Drei- oder Fünf-Punkte-Gliederung (vgl. auch die TATAZ-Formel in Gora 2004 a) zu entwerfen, sich diese Struktur einzuprägen und diese Gedanken in freier Rede vorzutragen. Schülern, die davon überzeugt sind, dass sie sich keine fünf Gliederungspunkte merken können, sei mit einem kleinen Trick eine Brücke gebaut: 2 plus 3 macht fünf! Der erste Gliederungspunkt ist die Begrüßung und die Nennung des Themas, der letzte ist der Zielsatz. Bleiben drei Gliederungspunkte, die sich jeder Schüler merken kann.

4.5.2 Spontanes Sprechen zu Karikaturen

Struktur spielt auch bei der nachfolgenden Übung eine zentrale Rolle. Die Schüler sollen nämlich spontan, d. h. scheinbar ohne Vorbereitung, eine Karikatur besprechen, die ihnen auf dem Tageslichtprojektor präsentiert wird. Auf der Kopiervorlage steht eine zur Verfügung, hinzu kommt in Kapitel 5 die je nach Karikatur zur Überredung (s. FV Seite 96 und 146) und evtl. noch weitere vom Lehrer ausgewählte, aktuelle Karikaturen. Da Schüler in der Regel nicht alle Aspekte erfassen, kann eine Karikatur von zwei bis drei Schülern bewertet werden.

Spontan bedeutet bei dieser Übung konkret: Die Schüler kennen zwar noch nicht den Inhalt der jeweiligen Karikatur, sie haben aber bereits eine Struktur bzw. Redestrategie im Kopf. Diese Drei-Punkte-Gliederung wird an der Tafel oder auf einem Lernplakat in Blickrichtung festgehalten, bevor die Schüler nach vorne kommen:

Beschreibung:	**Was sehe ich?** (Gesamteindruck, Detail)
Interpretation:	**Wie könnte das gemeint sein?**
	– Wie könnte es der Karikaturist gemeint haben?
	– Wie verstehe ich die Karikatur?
Meine Meinung:	**Wie stehe ich zu der Aussage?** (Ablehnung / Zustimmung?)

Der „Trick" bei dieser Übung besteht darin, dass die Schüler solange das Bild beschreiben, bis ihnen eine Idee zur Interpretation kommt. Die Redestrategie (zuerst den Gesamteindruck, dann die interessanten Details) ermöglicht einen entsprechenden Zeitgewinn und zwingt zugleich zur genauen Beobachtung. Fortgeschrittene Rhetorik-Schüler können der B-I-M-Struktur einen vierten Gliederungspunkt hinzufügen: *„Und wie sagt euch diese Karikatur zu?"* In diesem Sinne führt diese Übung nicht nur zum strukturierten Sprechen (erst beschreiben, dann interpretieren) hin, sie öffnet die Einzelrede auch zum dialogischen Sprechen (vom Ich zum Du).

Zwei weitere Nebeneffekte dieser Übung: Schüler werden spielerisch mit der Präsentation am Tageslichtprojektor vertraut und in der Beschreibung der Karikaturen entfalten sich oft auf erstaunliche Weise Mimik und Gestik der Schüler.

Diese Übung eignet sich besonders als „Füller", wenn am Ende einer Stunde noch etwa 10 bis 15 Minuten zur Verfügung stehen oder als Auflockerungsübung nach kognitiv anstrengenden Inhalten.

Lampenfieber bewältigen

Wer kennt es nicht – das Lampenfieber?

Wenn man vor der Klasse ein Gedicht aufsagen oder im Musikunterricht etwas vorspielen bzw. vorsingen soll, wenn man sein erstes Referat hält oder beim Schultheater zum ersten Mal auf der Bühne steht. Fast immer schleicht sich ein beklemmendes Gefühl ein: Man spürt starkes Herzklopfen oder weiche Knie, zittrige Finger oder feuchte Hände, es wird einem ganz schlecht in der Magengegend oder man hat Angst, einen roten Kopf zu bekommen. Gleichzeitig schleicht sich das Gefühl ein, man habe alles vergessen, was man vorbereitet und eingeübt hat.

Diese körperlichen Reaktionen stellen sich ein, wenn man sich unsicher fühlt, wenn man etwas zum ersten Mal macht und noch nicht weiß, ob man damit bei den anderen auch »ankommt«. Selbst wenn es nur ein kleiner Trost sein mag: Lampenfieber ist eine ganz normale Erscheinung; den meisten Menschen ergeht es so oder ganz ähnlich, auch wenn man es ihnen nicht immer gleich ansieht.

So ärgerlich dieses Gefühl auch sein mag, es hat auch seine positiven Seiten: Es spornt uns an zur Leistung, es schafft eine positive Spannung und es zeigt unsere menschliche Seite. Während ein bisschen Lampenfieber also durchaus von Vorteil sein mag, kann es uns blockieren, wenn es überhand nimmt.

Wie kann man nun dem eigenen Lampenfieber begegnen?

Die ersten Voraussetzungen für die erfolgreiche Bewältigung des eigenen Lampenfiebers sind eine gute Vorbereitung und fleißiges Üben. So bietet es sich beispielsweise an, in einer Art »Generalprobe« vor vertrauten Personen (den Eltern, älteren Geschwistern oder guten Freunden) schon einmal den »Ernstfall« vorwegzunehmen. Hilfreich ist, wenn man sich dabei ein Feedback (Rückmeldung) geben lässt: Dann weiß man, was man schon gut kann und was man vielleicht noch verbessern könnte. Das schafft Sicherheit.
Sinnvoll kann auch eine bewusste Atemtechnik sein. Zwei Minuten vor dem Auftritt lässt man die Luft ganz ruhig ein- und ausströmen, dabei denkt man sich auf jede Atemphase: »Ich« (ein) – »bin« (aus) – »ganz« (ein) – »ruhig« (aus). Das beruhigt.
Manchmal hilft es auch, sich einem Mitschüler oder einem guten Freund anzuvertrauen und ihm zu sagen, wie stark man das eigene Lampenfieber fühlt. Das entlastet.
Etwas mehr Mut ist erforderlich, wenn man sein Lampenfieber öffentlich anspricht. Das ist nicht jedermanns Sache und nicht in jeder Situation möglich, hat aber den großen Vorteil, dass man sein Lampenfieber nicht mehr verheimlichen braucht. Damit nimmt die Spannung ab und zugleich auch – das Lampenfieber.

Arbeitsauftrag:
1. Lies dir den Text aufmerksam durch und unterstreiche, was auf dich zutreffen könnte.
2. Halte in drei Schritten fest, wie du dein Lampenfieber künftig besser bewältigen möchtest.

Zunächst möchte ich ______________________ (z. B. mich besser vorbereiten)

Dann ______________________ (z. B. eine Generalprobe machen)

Schließlich ______________________ (z. B. Atemübungen machen)

FOLIENVORLAGE

Vom Ablesen zur freien Rede

Ziel:
die freie Rede

↑

Die fünf Wege (Stichwort-Methoden)

5. Der Medien-Trick
4. Die Stichwort-Gliederung
3. Die Kärtchen-Methode
2. Die Methode „Halb-Halb“
1. Das „freie Ablesen“

↑

Ausgangspunkt:
Bedürfnis nach Sicherheit bzw.
Angst vor dem „Nicht-mehr-Weiterwissen“

Freie Rede:

Sachwissen
\+
klare Gliederung
\+
Sprecherfahrung

Vom Ablesen zur freien Rede

1. Das »freie« Ablesen

Bei dieser Methode wird der gesamte Redetext deutlich lesbar auf DIN-A4-Blätter geschrieben. Die einzelnen Blätter sind durch Absätze, Einrückungen und Gliederungssymbole gut durchstrukturiert. Schlüsselwörter sind optisch hervorgehoben durch Unterstreichung, Fettschreibung oder farbige Markierung. Die übersichtliche Gliederung und die Hervorhebungen ermöglichen dem Redner eine Orientierung auf dem Blatt. Mithilfe der markierten Stichworte löst er sich vom ausformulierten Text, er entwickelt seine Gedanken frei; weiß er nicht mehr weiter, dann findet er sich rasch wieder im Text zurecht.

2. Die Methode »Halb – Halb«

Bei dieser Methode werden die einzelnen Manuskriptblätter im DIN-A4-Format halbiert. Dann wird der Redetext Blatt für Blatt auf die obere Hälfte geschrieben. Auf der unteren Hälfte werden der entsprechende Leitgedanke und ergänzend einige weiterführende Stichworte aufnotiert. Dabei ist darauf zu achten, dass die Stichworte unten dem Inhalt oben entsprechen. Die obere Hälfte wird abschließend nach hinten umgeklappt und auf der Rückseite mit der unteren Hälfte so verklebt, dass stabile Kärtchen im DIN-A5-Format entstehen. Der Redner entwickelt nun seine Gedanken möglichst frei mithilfe der Stichworte. Auf den ausformulierten Redetext der Rückseite kommt er nur dann zurück, wenn er nicht mehr weiterweiß oder wenn er zitiert.

3. Die Kärtchen-Methode

Hierbei verwendet man Karteikarten im Format DIN A6 oder A7, die während des gesamten Redebeitrags in der Hand behalten werden. Jedes Kärtchen enthält in der Überschrift einen Leitgedanken sowie drei bis fünf weiterführende Stichworte. Der Redner versucht zunächst anhand der Leitgedanken auf den Kärtchen seine Rede möglichst frei zu halten. Fehlt ihm ein »Anschlussgedanke«, so stützt er sich auf die nachfolgenden Stichworte. Um Durcheinander zu vermeiden, werden die Kärtchen durchnummeriert.

4. Die Stichwort-Gliederung

Hierbei verwendet der Redner möglichst nur ein einziges DIN-A4-Blatt. Darauf stehen groß und deutlich die Leitgedanken in Stichworten. Mit Bleistift können zusätzliche Stichworte zur Stütze aufnotiert werden. Am Blattende steht der gezielte Schluss-Satz. Der Redner versucht, seine Rede anhand der Leitgedanken frei zu formulieren. Dabei löst er sich weitgehend vom Blatt.

5. Der Medien-Trick

Hierbei bedient sich der Redner eines visuellen Mediums: Folie, Tafelanschrieb, Flipchart, Powerpoint-Präsentation usw. werden so eingesetzt, dass sie nicht nur dem Zuhörer zum besseren Verständnis, sondern auch dem Redner als Spickzettel für seinen Vortrag dienen. Der Redner konzipiert also den Medieneinsatz im Hinblick auf die anscheinend freie Rede, daher auch die Bezeichnung »Medien-Trick«.

Das Ziel: die freie Rede

Frei reden heißt, auf die Verwendung von aufgezeichneten Stichworten zu verzichten. Wer sich inhaltlich gut vorbereitet hat und sich die Gliederung seines Vortrags merken kann, erfüllt bereits zwei Voraussetzungen. Außerdem ist es hilfreich, den Vortrag zuvor schon einmal geübt zu haben, um auch flüssig formulieren zu können.

FOLIENVORLAGE

Spontanes Reagieren auf eine Karikatur

4.6 Vom Speedtalking über den Small Talk zur Verhandlung

Vorüberlegungen

Gespräche sind komplexe rhetorische Situationen, in denen es nicht nur auf der inhaltlichen Ebene, sondern auch auf der Ebene der Interaktion und der Körpersprache viel zu beobachten gibt. Das Beobachten des Gesprächsverlaufs und das Nachdenken über erfolgreiche oder weniger erfolgreiche Gesprächsstrategien sind wichtige Erfahrungen, die der aktiven Teilnahme an einem Gespräch in nichts nachstehen. Denn was hier auf der Meta-Ebene „mit-erfahren" wird, wirkt sich über das Beobachtungslernen mit anschließender Reflexion auf das eigene Gesprächsverhalten aus.

Schüler sind anfangs meist überfordert, wenn sie als Gesprächsteilnehmer auf der Meta-Ebene „mitdenken" müssen, aber auch, wenn sie bei inhaltsschweren Diskussionen zum ersten Mal Beobachtungsaufträge erhalten. Aus diesen Gründen heraus bietet es sich methodisch an, mit leichteren Gesprächsformen zu beginnen, um Schüler zur genauen Beobachtung und zur Reflexion auf der Metaebene hinzuführen.

Speed-Talking[11]

Die Schüler stehen sich in zwei Reihen gegenüber, sodass jeweils ein Paar entsteht. In großen Klassen können auch drei Doppelreihen gebildet werden, sodass sich beispielsweise in einer Klasse mit 30 Schülern überschaubare 3 x 2 x 5 Schüler gegenüberstehen. Jedes Paar hat eine Minute Zeit, um sich über eine Frage auszutauschen. Dann wird in einer der beiden Reihen durch Weiterrücken um eine Position der Partner gewechselt. Und der Gedankenaustausch beginnt aufs Neue. Mögliche Fragen sind:

- Was ist dein „größter kleiner" Erfolg?
- Wie geht es dir, wenn du ein Referat halten musst?
- Was macht dir an der Schule Spaß?
- In der Schule könnte ich mehr lernen, wenn ...
- Wenn du jemanden nicht leiden kannst, wie gehst du mit ihm um?
- Wenn du einen Wunsch frei hättest ...
- W...

Ein Thema sollte je nach den Fähigkeiten der Schüler etwa vier- bis maximal achtmal besprochen werden. Die Schüler erhalten dabei eine zunehmende Sicherheit, sie

[11] In Analogie zum Speed-Dating bei der Partnersuche

schärfen auch durch den Gedankenaustausch ihr Bewusstsein. Auf der Meta-Ebene erhalten sie nach jeder Themenrunde Impulse durch die Lehrkraft; zum Beispiel:

- Sehr schön, wie ihr inzwischen miteinander Blickkontakt haltet!
- Achtet bitte auch darauf, dass eure Gesprächsanteile nicht einseitig sind ...
- Woran habt ihr erkennen können, dass euch euer Gesprächspartner interessiert zuhört?
- Gab es Augenblicke, in denen euch das Gespräch peinlich wurde? Woran lag das?

Anfangs tun sich manche Schüler noch schwer, eine Minute zu füllen, nach wenigen Durchgängen beklagen die ersten Schüler, dass die Zeit gar nicht ausreicht. Damit hat diese Übungsform bereits ihren Sinn erfüllt und der Lehrer kann zur nächsten Übungssituation übergehen.

Small Talk

Gestützt auf das Schülerarbeitsblatt „Small Talk und peinliche Situation" (s. KV Seite 101) kann im Unterrichtsgespräch die Problematik besprochen werden. Genauso gut können sich die Schüler aber auch durch häusliche Vorbereitung oder durch eine etwa fünfminütige Stillarbeitsphase individuell auf das Thema vorbereiten.

Gesucht werden dann vier Freiwillige für eine fiktive Gesprächssituation in der Fishbowl: Nach einer gemeinsamen Schulveranstaltung treffen sich vier Schüler, die nicht miteinander befreundet sind, die sich allenfalls vom Sehen kennen, noch im Aufenthaltsraum an einem Tisch. Sie haben 20 Minuten Zeit, bis ihre Busse fahren. Sie erhalten den Auftrag, auf unterhaltsame Weise zu kommunizieren und dabei auszuloten, was sie von den jeweils anderen Gesprächspartnern halten.

Die Künstlichkeit der Situation und das Gefühl des Beobachtetwerdens erschweren natürlich den Gesprächsverlauf und es ist in der Tat mit peinlichen Gesprächspausen zu rechnen. Mit welchen Strategien diese gemeistert werden, ist spannend zu beobachten.

Die Restklasse erhält die folgenden Beobachtungsaufträge (s. Seite 130).

Verhandlungen und andere „ernste" Gesprächsformen

Da in der Schule in der Regel kaum wirkliche Verhandlungen[12] stattfinden, hat diese Übungsform in den meisten Fällen den Charakter einer Simulation. Empfehlenswert in echten Situationen ist das Klassenparlament (s. KV Seite 102). Simuliert wird eine Situation in einem außerschulischen Bereich (auf der Mittelstufe etwa die Taschengeldverhandlung mit den Eltern) oder eine Zukunftsprojektion (auf der Oberstufe etwa Bewerbungsgespräch oder Gehaltsverhandlung).

Zu Beginn wird den Schülern nochmals das Spezifische der Verhandlung vor Augen geführt:

[12] Konfliktgespräche zur Streitschlichtung kommen natürlich häufiger vor, eignen sich aber nicht für eine Simulation, weil sie zumeist zu komplex sind und zudem sehr persönlichen Charakter haben.

Verhandeln ist eine Gesprächstechnik, die das Ziel hat, Gewünschtes von anderen zu bekommen. Verhandlungen haben das Ziel, eine Übereinkunft zwischen zwei Seiten zu erreichen, die in der Regel gemeinsame als auch gegensätzliche Interessen haben (kommunikativer Interessensausgleich mit Handlungsvereinbarung). Im Idealfall begreifen sich beide Seiten als Partner, die beide von der Verhandlung profitieren können. Unbefriedigend verlaufen Verhandlungen, wenn Druck ausgeübt und dadurch nachgegeben wird oder wenn die Verhandlung vertagt werden muss. Im Vergleich zur Einzelrede ist mit verschärftem Widerstand zu rechnen und mit größerem Zeitdruck beim Finden geeigneter (Gegen-)Argumente. In der Vorbereitung (intellectio) spielt die Frage eine große Rolle: Was sind die Ausgangsbedingungen und Interessen der beiden Gesprächspartner? Mit welchen Widerständen ist auf beiden Seiten zu rechnen? Welches Gesprächsergebnis könnte beide Seiten befriedigen?

Sinnvoll ist es, die Schüler selbst die Verhandlungsgegenstände finden zu lassen, an denen sie das Verhandeln üben wollen. In Situationen, in denen die Schüler noch keinerlei Erfahrungshintergrund haben, muss die Verhandlung gemeinsam vorbereitet werden. Anfangs kann es auch hilfreich sein, wenn der Lehrer die Rolle des Verhandlungspartners übernimmt.

Bei Gesprächssimulationen sind für die Gesprächsteilnehmer und die Beobachter die drei Phasen Vorbereitung – Gesprächsverlauf – Auswertung deutlich zu unterscheiden (s. Kv S. 100)

Wesentlich ist aber die richtige Grundhaltung der Gesprächspartner, die der Philosoph und Hermeneutiker *Hans-Georg Gadamer* (1900-2002) in zwei Sentenzen zum Ausdruck gebracht hat.

Ein gutes Gespräch ist ein Gespräch,
aus dem ich anders herauskomme,
als ich hineingekommen bin.

Nur wenn wir uns
der möglichen Gegenansicht aussetzen,
haben wir Chancen, über die Enge
unserer eigenen Voreingenommenheiten
hinauszugelangen.

Drei Phasen des Gesprächs

Vorbereitung:

- Nachdenken über das eigene Anliegen und das Gesprächsziel
- Nachdenken über die vermutete Position des Gesprächspartners: Mit welchen Widerständen (Zweifel, Informationslücken, anders gelagerten Interessen, Vorurteilen usw.) muss beim Gesprächspartner gerechnet werden?)
- Sammeln von eigenen Argumenten (auch Fakten, Daten, Zitaten usw.)
- Gewichtung und Gliederung der eigenen Argumente unter der Perspektive: Wie kann ich meinen Gesprächspartner überzeugen?
- Überlegung: Wie kann ich dessen Argumente entkräften (widerlegen oder relativieren)?

Verlauf:

- Beobachtung: Wie verläuft das Gespräch?
- Interpretation: Wie ist der Gesprächsverlauf im Hinblick auf mein Anliegen und mein Gesprächsziel einzuschätzen? Muss ich dem Gesprächsverlauf eine andere Richtung geben?
- Intervention: Was muss ich tun, um mein Ziel zu erreichen? Wie erreiche ich es, dass auch mein Gesprächspartner mein Ziel akzeptiert? Wird das Gesprächsergebnis / die Vereinbarung von beiden Seiten als fair empfunden?

Auswertung:

- Wie ist die Gesprächsatmosphäre insgesamt einzuschätzen? War sie von gegenseitigem Verständnis und Wohlwollen gekennzeichnet?
- Welche Argumente waren besonders erfolgreich? Wer hat besonders erfolgreich verhandelt?
- Welche Argumente konnten widerlegt werden?
- In welcher Situation hätte die Verhandlung einen anderen Verlauf nehmen sollen? Wer hätte die Initiative ergreifen sollen?
- Was hat die Körpersprache der Gesprächsteilnehmer verraten?

Small Talk und „peinliche Situation"

Small Talk (Def.): das unverbindliche Gespräch, bei dem nicht die Gesprächsinhalte im Vordergrund stehen, sondern einfach nur Unterhaltung und die zwischenmenschliche Beziehung. Da es nicht um einen bestimmten Inhalt geht, bieten sich alle Bereiche, zu denen Menschen etwas sagen können, als Themen an. Tauschen sich beide über ihre Beziehungen aus, wird der Small Talk zu einem persönlichen Gespräch mit Tiefgang.

Peinliche Situationen (Def.): Im Rahmen des Small Talk verstummt plötzlich das Gespräch, man empfindet dies als peinlich und keiner der Gesprächspartner weiß mehr etwas zu sagen.

Standardthemen als Kommunikationsbrücke:

- aktuelles Tagesthema (TV, Zeitung, Internet usw., natürlich auch das Wetter)
- Schule (leider meist über das „Ablästern")
- »eigentlich«-Themen (Ferien, Lieblingsmusik, Hobby, Familie)
- Worüber ich mich heute gewundert, gefreut, geärgert habe, was ich witzig fand usw.
- die eigene Befindlichkeit oder besser: die des Gesprächspartners!

Hier und Jetzt:

- Getränke, Essen, Musik, notfalls Zigarette (Konsum als Kommunikationsimpuls)
- Sehen, Hören, Fühlen, Riechen, Schmecken (Wahrnehmungen aufgreifen!)
- Anknüpfen an die Redebeiträge der Gesprächspartner

Schweige-Überbrücker und Metakommunikation:

- „Psst! Dass mir jetzt aber keiner etwas sagt!"
- „Die Franzosen sagen in solchen Augenblicken gerne: C'est l'ange qui passe!"
- „Das ist aber komisch, jetzt weiß niemand mehr etwas zu sagen."
- „Ich habe mich so auf unser Treffen gefreut, und jetzt fehlen mir die Worte."
- „Manchmal glaube ich, dass ich vor lauter Lernen schon beinahe das Sprechen mit anderen Menschen verlernt habe."

Das Schweigen annehmen (das Peinlichkeitsparadox):

Peinlich ist doch nur, was subjektiv als peinlich wahrgenommen wird.

Probleme im Small Talk-Bereich ergeben sich meist:

- wenn (noch) kein Interesse (mehr) am Gesprächspartner besteht
- wenn die Beziehung noch nicht hergestellt oder gestört ist
- wenn die Sachinhalte so sehr dominieren, dass über nichts anderes gesprochen werden kann
- bei Selbst-Überforderung (Wer witzig sein muss, wird schnell langweilig!)
- beim Fehlen humorvoller Grundeinstellungen und Sichtweisen

Anregungen zum Erlernen humorvoller Einstellungen:

Halte fest: Worüber amüsierst du dich? Worüber hast du in letzter Zeit lachen, lächeln oder grinsen müssen? Welche Situation ließe sich mit Humor, mit Witz, mit wenig Ernst leichter bewältigen?

Sammle witzige Sprüche, Redewendungen usw., die eine Lebensweisheit oder eine Einsicht enthalten. Beispiel: Wer nachtragend ist, hat viel zu schleppen.

Betrachte ein Problem, das dich gerade belastet, aus einer höheren abgeklärten Warte, aus der Perspektive eines lockeren Typs, aus der Perspektive der Gegenseite.

Das Klassenparlament

1. Grundsatz und Ziel

Wenn Menschen gemeinsam lernen und arbeiten, treten gelegentlich Probleme oder Konflikte auf. Ziel des Klassenparlaments ist es, diese auf angemessene und faire Weise zu bewältigen. Durch offenes und ehrliches Ansprechen von Wünschen und Sorgen, durch vernünftige Argumentation, genaues Zuhören und gegenseitige Toleranz sollen das Zusammenleben und die Kommunikation in der Klasse verbessert werden.

2. Antrag auf eine Sitzung des Klassenparlaments

a. Jede Schülerin und jeder Schüler kann eine KlaPa-Sitzung beantragen, indem er/sie ein konkretes Anliegen oder Thema benennt. (Wandzeitung)

b. In ihrer Verantwortung für die Klasse dürfen auch die Klassensprecher, die Elternvertreter oder die Fachlehrer eine KlaPa-Sitzung beantragen; der Klassenlehrer entscheidet, ob Elternvertreter oder Fachlehrer zum Klassenparlament eingeladen werden.

c. Der Klassenlehrer entscheidet, wann, wie lange und mit welcher Tagesordnung eine Sitzung abgehalten wird. Empfohlen wird, das Klassenparlament mindestens viermal im Schuljahr stattfinden zu lassen.

3. Verantwortung für das Klassenparlament

Für das Gelingen der Sitzungen sorgen die folgenden Verantwortlichen, die aus der Klasse heraus für jeweils eine Sitzung bestimmt werden:

a. der Diskussionsleiter: Dies wird in der Einführungsphase und bei schwierigen Themen der Klassenlehrer sein; Ziel ist aber, dass Klassensprecher oder einzelne Schüler die Diskussion leiten. Der Diskussionsleiter achtet darauf, dass jeder zum Thema spricht, er treibt die Diskussion voran und führt Abstimmungen herbei. Zu inhaltlichen Fragen hält er sich weitgehend zurück;

b. zwei Aufrufer: Diese rufen ihre Mitschüler und den Klassenlehrer grundsätzlich in der Reihenfolge der Meldungen auf (Rednerliste); sie gewähren aber dem Diskussionsleiter und dem direkt Betroffenen sowie – bei doppeltem Handheben – den Regelwächtern oder dem Klassenlehrer Vorrang;

c. zwei Regelwächter: Sie achten in gegenseitiger Absprache darauf, dass die Regeln eingehalten werden und dass niemand unnötig lange spricht. Durch doppeltes Handheben erhalten sie direktes Rederecht; mit einem eindeutigen Zeichen mahnen sie den Zu-lang-Sprecher, seinen Redebeitrag zu beenden; eine Redezeitbegrenzung kann festgelegt werden;

d. zwei Protokollanten: Sie halten die Themen und die Ergebnisse schriftlich und einvernehmlich fest (Ergebnisprotokoll). Mit den Unterschriften der beiden Protokollanten, des Diskussionsleiters und des Klassenlehrers erhält das Protokoll seine Gültigkeit.
Darüber hinaus trägt die gesamte Klasse Verantwortung für ein gutes Miteinander, indem alle Schüler die Regeln beachten und sich ernsthaft um konstruktive Lösungen bemühen.

4. Regeln

a. Jeder darf ausreden! Dabei sind Wiederholungen und Weitschweifigkeiten zu vermeiden.

b. Wer von anderen beschuldigt wird, hat das Recht zur direkten Gegenrede.

c. Die betroffenen Mitschüler werden direkt angesprochen (Du-Form!).

d. Die gesamte Klassengemeinschaft sorgt für die Umsetzung der Beschlüsse. Die Einhaltung der Beschlüsse wird beim nächsten Klassenparlament überprüft.

e. Was hier nicht geregelt wird, wird vom Klassenlehrer mit der Klasse festgelegt.

Themenvorschläge für das Klassenparlament

Thema 1:

Antragsteller:

Thema 2:

Antragsteller:

Thema 3:

Antragsteller:

Thema 4:

Antragsteller:

Thema 5:

Antragsteller:

Protokoll des Klassenparlaments

In der __ Sitzung des Klassenparlaments der Klasse ___ wurden die folgenden Themen (Anliegen) beraten und die folgenden Beschlüsse gefasst:

1. Thema:

2. Thema:

3. Thema:

4. Thema:

5. Thema:

Diese Beschlüsse verpflichten die Klassengemeinschaft zur Umsetzung und Einhaltung. Das Protokoll gilt ab sofort durch Datum und die folgenden Unterschriften:

______________________________, den ______________________

Name der Schule, Klasse

____

(Protokollant) *(Protokollant)*

____

(Diskussionsleiter) *(Klassenlehrer)*

4.7 Feedback und kriteriengestützte Bewertung

Eine zentrale Arbeitstechnik bei der Evaluation rhetorischer Leistungen ist das Feedback. Für den Empfänger ist es, wenn es von den Zuhörern kommt, die direkte Rückmeldung seiner Zielgruppe, von daher eine nachträgliche Bestätigung seiner Du-Orientierung[L] bzw. der Appell, das Sprechen noch stärker an den Voraussetzungen, Interessen und Erwartungen der Mitschüler auszurichten. Daher ist das Erbitten von Feedback durch die Mitschüler psychologisch und redetheoretisch ein nicht zu unterschätzender erster Schritt des Redners zur Verbesserung der eigenen rhetorischen Kompetenz.

Erst an zweiter Stelle sollte das Feedback durch den Lehrer stehen, der zwar zweifelsohne die höhere Beurteilungskompetenz hat, aber nicht die primäre Zielgruppe darstellt, denn schließlich sollte das Referat nicht für den Lehrer, sondern für die Mitschüler gehalten werden. In diesem Sinne bezieht der Lehrer das Feedback der Schüler – sofern es sachlich gerechtfertigt ist – bei seiner Rückmeldung mit ein: Seine Rückmeldung erfolgt zunächst aus der Perspektive der Zielgruppe (War das Referat verständlich für die Mitschüler? usw.), bevor eigene lehrerspezifische Beobachtungen (War es sachlich richtig dargestellt? Passt die Einordnung in den Unterrichtszusammenhang?) das Feedback abrunden[13]. Eine Folienvorlage (s. FV Seite 111) veranschaulicht kurz und prägnant diese Arbeitstechnik. Es empfiehlt sich, die Beispielsätze der Schüler vor den ersten Feedbackrunden einmal von den Schülern laut lesen zu lassen, damit die Schüler quantitativ und qualitativ ein Gespür dafür erhalten, was eine gute, d. h. konstruktive Rückmeldung ist. Damit wird auch deutlich, dass das Feedback-Geben eine rhetorische Übung ist: Der Sender übt, das Wesentliche anhand von zwei Leitfragen (Was war gut? Was kann verbessert werden?) auf den Punkt zu bringen.

Progression: Anforderungen an die Referenten und an die Zuhörer

Referate unterscheiden sich deutlich zwischen den einzelnen Klassenstufen. Schüler sollten anfangs nicht überfordert, später nicht unterfordert werden. In den Anforderungen an Schülerreferate sollte daher eine deutliche *Progression* erkennbar sein – im Hinblick auf die inhaltlichen Anforderungen, aber auch auf die rhetorischen Fähigkeiten und die jeweilige Präsentationstechnik. Diese Anforderungen sollten mit den

[13] Das Geben und Empfangen von Feedback kann übrigens schon viel früher eingeführt und eingeübt werden, sodass diese Arbeitstechnik beim Referatehalten bereits vorausgesetzt werden kann. Der Autor führt das Feedback im Deutschunterricht der Klasse 5 bereits in einer der ersten Stunden ein und zwar beim Vortragen des ersten Aufsatzes. Die Schüler kommen mit ihrem Aufsatz nach vorne, wo mit wenigen Handgriffen (Aktenordner, Schultasche) ein Redepult aufgebaut ist. Im Stehen wird unter Beachtung rhetorischer Techniken (Redeauftritt und Kontaktaufnahme, Blickkontakt zumindest zwischen Überschrift und den einzelnen Absätzen, Annehmen des Applauses) der Aufsatz vorgetragen. Danach setzt sich der Schüler hin und erbittet von drei Klassenkameraden Feedback, das vierte (kompensatorische) Feedback erhält er von seinem Deutschlehrer. Erwünschter Nebeneffekt im Sinne der Praktischen Rhetorik: Die Schüler gewöhnen sich schon sehr früh an das Stehen vor anderen, an das Präsentieren vor der Klasse.

Schülern bei der Vergabe von Referatsthemen besprochen werden. Dem entsprechen auch die kriteriengestützten Beobachtungsbögen für die Klassen 7 und 8, 9 und 10 sowie für die Oberstufe (s. KV Seite 112 – 114). Großer Vorteil im Rahmen einer Unterrichtseinheit „Praktische Rhetorik": Die Behandlung der Kriterien ist ein willkommener Anlass, um die wichtigsten Regeln und theoretischen Konzepte nochmals in Erinnerung zu rufen.

Referate in 7 und 8

Bei der Referatsvorbereitung arbeiten die Referenten mit einfachen Materialien: mit dem jeweiligen Fachbuch, ergänzend etwa mit einem Lexikon oder mit einfacher Literatur (z. B. aus der Stadtbücherei); dabei gibt der Lehrer in der Regel konkrete Hilfestellungen (z. B. ergänzendes Material oder Tipps zur Rhetorik).

Die Referenten bemühen sich, die schriftlichen Informationen in gesprochene Sprache umzuwandeln, es in *eigenen Worten* zu sagen.

Sie halten das Referat für die Mitschüler (nicht für den Lehrer); sie versuchen das Interesse der Mitschüler am Thema zu wecken und das Referat anschaulich zu gestalten.

Sie arbeiten mit einfachen Visualisierungen (z. B. Thema und Gliederungspunkte an der Tafel oder *eine* Folie von bis zu max. 16 Zeilen).

Sie dürfen ihr Referat ablesen, sollten sich dabei aber immer wieder vom Text lösen und Blickkontakt aufnehmen; zu einzelnen im Text markierten Stichworten entwickeln sie ihre Gedanken frei (freies Ablesen). Wenn es den Referenten bereits gelingt, ihre Gedanken auf Stichworte gestützt frei zu entwickeln (Methode Halb-Halb, Kärtchen-Methode) sollte das besonders gewürdigt werden.

Sie machen zu Hause oder in der Schule eine Generalprobe mit einer vertrauten Person (Vorversprachlichung und Zeitkontrolle!).

Die Referate dauern etwa 8 bis 12 Minuten, länger nur nach Absprache!

Referate in 9 und 10

Bei der Vorbereitung zeigen die Referenten eine größere Selbstständigkeit: Dies gilt sowohl für die Materialsammlung (umfangreichere und komplexere Literatur; Internetrecherche, Umfragen usw.) als auch für die rhetorische Vorbereitung. Zur selbstständigen Erarbeitung gehört selbstverständlich auch die gewissenhafte Angabe der Quellen. Schüler müssen damit rechnen, dass Lehrer Kontrollfragen stellen. Selbstständigkeit bedeutet auch, dass der Schüler von sich aus die Beratung mit dem Fachlehrer sucht.

Die Schüler kennen einfache Kommunikationsmodelle (z. B. Dreieck der Rhetorik oder Nachrichtenquadrat) sowie einfache Regeln (z. B. „Sprich verständlich!", „Sprich strukturiert!" oder „Sprich möglichst frei!") und wenden diese an. Dabei bemühen sie sich, möglichst du-orientiert und nur so sachorientiert wie nötig zu sprechen. Das heißt, sie orientieren sich bei der Auswahl ihrer Informationen nicht nur an den Fakten, die vom Thema her erforderlich sind, sondern bewusst auch an den Voraussetzungen, Interessen und Erwartungen ihrer Mitschüler (Spannungsfeld zwischen Sach- und Du-Orientierung).

Sie verfügen über ein größeres Repertoire an Präsentationstechniken (neben Tafel und Folien z. B. auch: Pinnwand, Flipchart oder Lernplakat). Dabei beherrschen sie die technische Handhabung der Medien.

Beim Vortrag wählen die Referenten eine Vermittlungsmethode, die es ihnen erlaubt, möglichst frei zu sprechen (Kärtchen, Sprechen nach Gliederungspunkten, Medientrick).

Eine Generalprobe (s. o. KV Seite 93) bleibt weiterhin empfohlen zur Vorversprachlichung und zur Zeitkontrolle.

Die Schüler können Referate von der rhetorischen Seite beurteilen und sich gegenseitig Feedback geben.

Die Referate dauern etwa 10 bis 15 Min., länger nur nach Absprache!

Referate auf der Oberstufe

Bei der Vorbereitung stellen die Referenten im Hinblick auf Materialsammlung, rhetorische Vorbereitung und Methodenbewusstsein ein hohes Maß an Selbstständigkeit unter Beweis. Die inhaltliche Vorbereitung ist an wissenschaftlichen Anforderungen orientiert. Auch auf der Oberstufe ist selbstständiges Arbeiten durchaus damit vereinbar, dass der Schüler von sich aus die Beratung mit dem Fachlehrer sucht.

Die Schüler halten ihr Referat im Spannungsfeld von du- und sachorientiertem Sprechen. Sie sprechen nur so sachorientiert wie nötig und so du-orientiert wie möglich. Sie bemühen sich, ihr Referat in die jeweilige Unterrichtseinheit einzubetten und entsprechende Bezüge herzustellen.

Bei der Visualisierung verfügen sie über alle Präsentationstechniken und wenden diese gezielt und funktional an. In diesem Sinne ist auch eine computergestützte Präsentation (z. B. Powerpoint) zuzulassen.

Die Schüler beachten fachspezifische Besonderheiten.

Als besondere Leistung ist zu würdigen, wenn die Referenten Arbeitsmaterial ausgeben, gezielte Arbeitsanweisungen geben oder zum Mitschreiben auffordern. Ebenfalls positiv ist zu würdigen, wenn es dem Referenten gelingt, vom Monolog des Referats in einen Dialog oder in eine Diskussion überzuwechseln. Dazu gehört auch die Gestaltung einer Unterrichtsstunde.

Beim Vortrag entwickeln die Referenten ihre Fähigkeit weiter, stichwortgestützt möglichst frei zu sprechen (Kärtchen, Sprechen nach Gliederungspunkten, Medientrick, freie Rede).

Die Schüler sind darauf vorbereitet, dass sich an das Referat ein Kolloquium anschließen kann.

Die Referate dauern etwa 15 bis 30 Minuten, max. 40 Minuten etwa bei der Gestaltung einer Unterrichtsstunde, auch dies allerdings nur nach Absprache mit dem Fachlehrer.

Anforderungen an die Mitschüler: Mitschreiben als Kulturtechnik

Ärgerlich und unproduktiv für den Unterricht ist es, wenn Referate einfach nur konsumiert oder schlimmer noch: teilnahmslos „abgesessen" werden. Daher sollte im Rahmen der praktischen Rhetorik darauf hingewirkt werden, dass die Mitschüler bei Referaten grundsätzlich das Wesentliche mitschreiben. Die folgenden sieben Gründe könnten mit den Schülern besprochen werden:

- Besseres Zuhören, bessere Konzentration, besseres Verstehen
- Höherer Lernerfolg durch mehrkanaliges Aufnehmen und Verarbeiten
- Mehr behalten durch Bildung von Oberbegriffen und Zuordnung von Fakten
- Individuelle Informationsverarbeitung,
- Intensiveres Mitdenken: Wesentliches von Unwesentlichem unterscheiden
- Anhaltspunkte, um gezielt nachfragen und mitdiskutieren zu können
- Respekt vor dem Referenten! Interesse an der Sache!

Um dies bei Zeitmangel die Schüler selbstständig erarbeiten zu lassen, stehen zwei allgemeine Kopiervorlagen (s. KV Seite 115 f.) zum Mitschreiben und zum Anfertigen von Handreichungen zur Verfügung. Festgehalten sollte aber im Unterricht werden:

> Mitschreib-Appelle und Handouts mit Leerstellen sind probate Mittel des Referenten, um die Zuhörer zu einer Selbstverständlichkeit anzuhalten: zum Mitschreiben!

Bezogen auf den konkreten Unterricht sollte die Technik des Mitschreibens in den unterschiedlichen Fächern besprochen, behandelt und eingeübt werden. Unabhängig davon sind hier nur einige Minimalanforderungen empfohlen:

- Für die Stufe 7 bis 8:
  Datum, Name des Referenten, Thema, Gliederungspunkte
  Fazit/Zusammenfassung/zentrale Botschaft in mindestens einem Satz
- Für die Stufe 9 bis 10:
  Datum, Name des Referenten, Thema, Gliederungspunkte
  Die wesentlichen Punkte der Visualisierung
  Fazit/Zusammenfassung/zentrale Botschaft in ausführlicher(er) Form
  Anmerkungen zum Feedback (Gut fand ich .../Verbessern könntest du noch ...)
- Für die Oberstufe:
  Datum, Name des Referenten, Thema, Gliederungspunkte
  Die wesentlichen Punkte der Visualisierung bzw. Mitschrift nach Aufforderung durch den Referenten
  Selbstständige Mitschrift (zentrale Thesen oder Aussagen, unterrichtsrelevante Informationen usw.)
  Anmerkungen zum Feedback (Gut fand ich .../Verbessern könntest du noch ...)

Richtwerte für die Benotung von Referaten

Bei der Darstellung der einzelnen Methoden schien praktische Rhetorik bisher etwas abgekoppelt vom regulären Unterricht zu sein (im Vergleich zum stärker kognitiv ausgerichteten Unterricht eine Schwerpunktverlagerung zum praktischen Tun, zur intensiveren Übung, vor allem aber weder Klassenarbeit noch Noten), nun kehrt gegen Ende des Methoden-Pools die Überlegung wieder zum Schulalltag zurück: Schüler müssen (und wollen!) für ihre Leistungen auch bewertet und benotet werden.

Vermutlich ist nichts so heikel wie losgelöst von der konkreten Unterrichtssituation und ohne Bezug auf die jeweiligen Schüler und Lehrer Vorschläge zur Bewertung zu machen; im Sinne einer Groborientierung mag der nachfolgende Vorschlag zur Bewertung von Referaten gleichwohl hilfreich sein.

15: Inhaltlich, rhetorisch und präsentationstechnisch eine Spitzenleistung! Eine Ausnahmenote, die eine herausragende inhaltliche Leistung mit besonders anspruchsvollem Inhalt bzw. hohem Schwierigkeitsgrad auszeichnet; [kommt nicht in jedem Kurs vor!]
Rhetorisch: sehr überzeugend und souverän, mit ausgefeilter Präsentation!
(Fremd-)sprachlich: fehlerfrei und stilistisch exzellent

14: In allen Bereichen sehr gut, intensive Vorbereitung und Recherche, hohe Kompetenz, fundiertes Detailwissen, durchdachte Fragestellungen, erhellend für Mitschüler, Problembewusstsein und eigenständige Transferleistung; [die beste Leistung im Kurs!]
Rhetorisch: überzeugend und souverän, frei gesprochen, klare übersichtliche Struktur, sehr verständlich, intensiver Kontakt mit dem Auditorium, originelle oder anspruchsvolle Präsentation
(Fremd-)sprachlich: sicher und flüssig, stilistisch und idiomatisch auf hohem Niveau

11: Gute Informationsaufbereitung, sinnvolle Schwerpunktsetzung, Transferleistung, gute Balance zwischen Überblick und Detail, Einordnung in den Kontext mit (naheliegendem) Transfer, Aktivität der Mitschüler eingefordert, gute Präsentationstechnik, deutlich erkennbare und nachvollziehbare Struktur
Rhetorisch: eine gelungene Präsentationsleistung, mit wenigen Stichworten (z. B. Medientrick) weitgehend frei gesprochen, Visualisierung zur Strukturierung und Veranschaulichung sinnvoll eingesetzt
(Fremd-)sprachlich: deutlich besser als die üblichen Äußerungen im Unterricht (elaborierter Sprachgebrauch), weitgehend fehlerfrei, sinngemäße Betonung, idiomatisch sicher

08: Zutreffende Informationsvermittlung und verständliche Präsentation, aber weitgehend Reproduktion, Wissensvermittlung ohne vertieftes Verständnis
Rhetorisch: eine der Oberstufe angemessene Leistung (wie von der Mehrheit der Schüler erwartet) mit ergiebiger Visualisierung, sach- und du-orientiert, stichwortgestützt (zum Beispiel Kärtchenmethode), ansatzweise frei gesprochen
(Fremd-)sprachlich: eine altersgemäße, dem Sprachniveau der Klassenstufe im Unterricht angemessene Leistung

05: Vorbereitet, inhaltlich einfach und im Wesentlichen zutreffend, aber wenig ergiebig für den Kurs, einfache Präsentationstechnik, einfacher Quellennachweis
Rhetorisch: eine mäßige bis passable Leistung; bemüht, aber wenig motivierend oder überzeugend
(Fremd-)sprachlich: in Wortschatz und Satzbau einfach, mitunter erkennbare Fehler (auch in der Aussprache)

02: Unzureichende Vorbereitung, grobe inhaltliche Fehler, schlampige Darstellung; deutlich unter den altersgemäßen Anforderungen; Unzuverlässigkeit; zu starke Anleihen an Vorlagen, Verwendung unzuverlässiger Quellen, kein Quellennachweis
Rhetorisch: unstrukturiert, zusammenhanglos, geringer Kontakt zum Auditorium, nur abgelesen mit schwacher oder falscher Betonung und Schwerpunktsetzung
(Fremd-)sprachlich: mit gravierenden Mängeln (Wortschatz, Grammatik, Aussprache, Intonation), schwer verständlich

00: Referat nicht gehalten (bzw. beim Zweittermin unentschuldigt nicht gehalten); bei nachweisbarem Täuschungsversuch

Erläuterungen

- Die Zwischennoten machen Tendenzen deutlich. Wenn die inhaltliche Leistung nicht der rhetorischen oder sprachlichen Leistung entspricht, wird entsprechend den fachinternen Vorgaben (z. B. Inhalt 50%, rhetorische Leistung 30% und sprachliche Leistung 20%) gemittelt (Mischnote).
- Das Kriterium »sprachliche Leistung« bezieht sich auf die Fremdsprachen; in den anderen Fächern ist es in der Regel Bestandteil der rhetorischen Leistung; die Verwendung der Fachterminologie kann auch der inhaltlichen Bewertung zugeordnet werden.
- Diese strengen, an der mündlichen Abiturprüfung orientierten Erwartungen für die Oberstufe müssen für die Mittelstufe entsprechend dem Alter und Leistungsstand der Schüler angepasst werden.

FOLIENVORLAGE

Feedback zu Referaten

Verfahren: maximal drei Schüler (die der Referent selbst aufruft) geben Feedback in der direkten Anrede (!), dann ergänzt die Lehrkraft und fasst mithilfe von zwei Leitfragen das Wesentliche zusammen:

1. Was war gelungen? In welchen Bereichen braucht sich der Schüler nicht mehr verbessern?
2. Was kann der Schüler beim nächsten Referat besser machen?

Schüler 1: Mir hat gut gefallen, wie du Blickkontakt gehalten hast: Ich habe mich persönlich angesprochen gefühlt. Aber manchmal hast du zu schnell und auch ein bisschen undeutlich gesprochen.

Schüler 2: Vielleicht hättest du mehr Pausen machen sollen, dann hätten wir die vielen Informationen besser verarbeiten können. Aber dass du super vorbereitet warst, hat jeder gemerkt!

Schüler 3: Ich hätte mehr von deinem Referat behalten, wenn du die wesentlichen Informationen an die Tafel oder auf Folie geschrieben hättest. Aber alles andere – Betonung, Gestik und wie du vor der Klasse stehst – war echt überzeugend!

Lehrerin: Deine rhetorischen Grundfähigkeiten sind wirklich gut entwickelt; gefreut hat mich auch, dass du mithilfe der Kärtchenmethode schon fast frei gesprochen hast. Wenn du dich noch verbessern möchtest, dann hätte ich drei Tipps, die miteinander zusammenhängen: 1. Langsamer! 2. Pausen! Und 3. Visualisierung! Wenn du das Wesentliche an die Tafel schreibst, machst du zwangsläufig Sprechpausen. Und wenn du deinen Zuhörern etwas Zeit zum Mitschreiben einräumst, wirst du selbst etwas ruhiger. Dadurch gelingt es dir vielleicht auch, ein bisschen deutlicher zu artikulieren. Das wäre eine spürbare Verbesserung!

Ein Feedback, das lobt, aufbaut und ermutigt, braucht nicht länger zu dauern als 90 Sekunden!

Beurteilungskriterien für Referate in 7 und 8

Name: ______________________________ Thema: ____________________________________

Klasse: _______ Datum: ______________ Zeitdauer: _____Min. Gesamtnote: ________

Inhalt (Sach-Orientierung)	+ +	+	0	–	– –
Die Inhalte sind richtig dargestellt.					
Das Wesentliche wird herausgearbeitet.					
Das Thema bzw. die Fragestellung wird beachtet.					
Die Reihenfolge der Inhalte ist sinnvoll (klare Gliederung).					
Die Informationen werden verständlich dargestellt.					
Sachwissen ist deutlich erkennbar, ausreichende Vorbereitung.					

Rhetorik (Du-Orientierung)	+ +	+	0	–	– –
Interesse geweckt, Thema interessant und anschaulich dargestellt					
Blickkontakt hergestellt, Schüler löst sich mitunter vom Vortragstext.					
Deutliche Aussprache; Lautstärke und Sprechtempo angemessen					
Haltung und Gestik angemessen, Standort geschickt gewählt					
Zeitdauer angemessen, vereinbarte Zeit eingehalten					

Visualisierung (Präsentationstechnik)	+ +	+	0	–	– –
Thema, Gliederungspunkte bzw. wesentliche Inhalte werden visualisiert.					
Die Visualisierung ist gut lesbar und übersichtlich gestaltet.					

Feedback:

(Besonders) Gut gefallen hat mir …

-
-
-

Verbessern kannst du noch …

Der Verlauf des Referats in Stichworten (Fortsetzung auf Rückseite):

Beurteilungskriterien für Referate in 9 und 10

Name: ____________________ Thema: ____________________

Klasse: ______ Datum: ____________ Zeitdauer: _____Min. Gesamtnote: ______

Inhalt (Sach-Orientierung)	+ +	+	0	-	- -
Die Inhalte sind richtig und vollständig dargestellt.					
Das Wesentliche wird herausgearbeitet (sinnvolle Schwerpunkte).					
Das Thema bzw. die Fragestellung ist verstanden und beachtet worden.					
Die Gliederung ist sinnvoll, übersichtlich und zielgerichtet.					
Verständlich in Wortwahl und Satzbau, plausibel in der Argumentation					
Sachwissen ist deutlich erkennbar, selbstständige und gute Vorbereitung.					

Rhetorik (Du-Orientierung)	+ +	+	0	-	- -
Interesse geweckt, zum Thema hingeführt (bes. in der Einleitung)					
Gutes Verhältnis zwischen du- und sachorientiertem Sprechen					
Blickkontakt gehalten, versucht möglichst frei zu sprechen					
Deutliche Aussprache; Lautstärke und Sprechtempo angemessen					
Haltung, Gestik und Mimik angemessen, Standort geschickt gewählt					
Zeitdauer angemessen, vereinbarte Zeit eingehalten					

Visualisierung (Präsentationstechnik)	+ +	+	0	-	- -
Wesentliche Inhalte werden visualisiert und auf den Punkt gebracht.					
Die Visualisierung ist gut lesbar und übersichtlich gestaltet.					
Die Präsentationstechnik ist sinnvoll (funktional) eingesetzt.					
Der Schüler ist mit der technischen Handhabung vertraut.					

Feedback:
(Besonders) Gut gelungen ist …
-
-

Verbessert werden kann …

Der Verlauf des Referats in Stichworten (Fortsetzung auf Rückseite):

Beurteilungskriterien für Referate auf der Oberstufe

Name: ______________________ Thema: ______________________

Kurs: _______ Datum: ______________ Zeitdauer: ______Min. Gesamtnote: ________

Inhalt (Sach-Orientierung)	+ +	+	0	-	- -
Die Inhalte sind richtig und vollständig dargestellt.					
Das Wesentliche wird herausgearbeitet (Schwerpunktsetzung).					
Die Aspekte und Fragestellungen sind relevant (Bezug zur U-Einheit).					
Die Gliederung ist nachvollziehbar, übersichtlich und zielgerichtet.					
Sachlich korrekte Darstellung, logische und überzeugende Argumentation					
Fachspezifische Besonderheiten (z. B. Fachbegriffe) beachtet					
Sachwissen ist deutlich erkennbar, bei Nachfragen unter Beweis gestellt.					
Vorbereitung selbstständig / wissenschaftl. orientiert					

Rhetorik (Du-Orientierung)	+ +	+	0	-	- -
Interesse geweckt, zum Thema hingeführt (bes. in der Einleitung)					
Verständliche und anregende Darstellung, anschauliche Beispiele					
Dialogische Vortragsformen beherrscht; Diskussion angeregt und geleitet					
Anregungen zum Nachdenken, zur Mitarbeit oder zum Mitschreiben					
Intensiver Blickkontakt, (stichwortgestützt) möglichst frei gesprochen					
Deutliche Aussprache; Lautstärke und Sprechtempo angemessen					
Angemessene Haltung, Gestik und Mimik (offen, freundlich)					
Zeitdauer dem Thema angemessen und Zeitplanung eingehalten					

Visualisierung und Medieneinsatz	+ +	+	0	-	- -
Wesentliche Inhalte werden visualisiert und auf den Punkt gebracht.					
Wahl, Einsatz und Gestaltung der Medien sind sinnvoll (funktional).					
Der Referent ist mit der technischen Handhabung der Medien vertraut.					

Wissen und Verhalten im Kolloquium	+ +	+	0	-	- -
Der Referent weiß in der Breite und in der Tiefe Bescheid.					
Hört zu, zeigt Verständnis für Fragen, bringt Antworten auf den Punkt					
Kann Materialsuche, Medieneinsatz, Methode reflektieren und begründen					

Der Verlauf des Referats in Stichworten (Fortsetzung auf Rückseite):

Mitschreiben im Unterricht

Eine bewährte Kulturtechnik ist in den letzten Jahrzehnten allmählich aus der Übung gekommen und damit fast in Vergessenheit geraten: das selbstständige Mitschreiben im Unterricht. Daher hier einige Anregungen zum Anfertigen hilfreicher Mitschriften.

Warum?
Wer im Unterricht, besonders bei Schülerreferaten und Lehrervorträgen, aber auch beim Betrachten eines Films mehr verstehen, lernen und behalten möchte, sollte mitschreiben. Durch diese alte Technik zwingt man sich selbst zum genaueren Zuhören, zur Unterscheidung von Wesentlichem und Unwesentlichem und damit zur besseren Konzentration. Außerdem erhält man so Anhaltspunkte, um gezielt nachfragen oder sich am Unterricht beteiligen zu können. Was auf diese Weise während der Unterrichtszeit erarbeitet wird, muss nicht mühsam am Nachmittag oder vor der nächsten Klassenarbeit nachgelernt werden. Kleiner Nebeneffekt beim Mitschreiben: Man zeigt Respekt vor dem Referenten und Interesse an der Sache!

Was?
Wenn der Referent seine Gliederungspunkte ankündigt oder eine Übersichtsfolie auflegt, so gibt er damit wertvolle Hilfestellungen für die Mitschrift. Grundsätzlich lohnt es sich, Visualisierungen (Tafelbilder, Folien, Pinnwände usw.) zu notieren, da sie zumeist bereits das Wesentliche des Vortrags enthalten und damit den Mitschreiber entlasten.
Zu Beginn der Mitschrift werden das Thema und die dazu gehörenden Fragestellungen (Aspekte) notiert, im weiteren Verlauf dann die entsprechenden Antworten. Hilfreich ist es, wenn der Mitschreiber Oberbegriffe bildet und diesen die Fakten zuordnet. So lässt sich die gedankliche Struktur besser nachvollziehen.
Mitgeschrieben wird in der Regel, was persönlich interessiert, was für die Unterrichtseinheit relevant ist oder was in Klassenarbeiten abgefragt werden könnte. Dazu gehören auch alle neuen Informationen und Einsichten.

Wie?
Wenig sinnvoll ist es, gleich Hals über Kopf mitzuschreiben. Denn dadurch droht man sich in Details zu verlieren und mit dem Schreiben nicht mehr nachzukommen. Für die gelungene Mitschrift gilt: Qualität vor Quantität! Also erst einmal in Ruhe zuhören, das Thema erfassen und sich dann auf das Wesentliche konzentrieren. Ob man in Stichworten oder ganzen Sätzen mitschreibt, hängt vom persönlichen Stil und von der Schreibgeschwindigkeit ab. Auf jeden Fall sollte man aber den Mut haben, sinnvolle Abkürzungen (Def., Bsp., Üb, HA, Kla) oder Zeichen (☺, ☹, !, ?, ⇨) sowie ausdrucksstarke Kurzsätze (»Brecht: Glotzt nicht so romantisch«) zu verwenden.
Wer sein Blatt großzügig einteilt, gewinnt Freiräume für nachträgliche Ergänzungen. Bei der Überarbeitung lassen sich wichtige Begriffe unterstreichen sowie Lern-Fakten und Lern-Daten einrahmen. Übersichtlicher wird das Blatt, wenn man zur Kennzeichnung von Besonderheiten auch Farben verwendet (z. B. Grün für »Beachten!« und Rot für »Vermeiden!«). Am Ende der Mitschrift sollte Platz sein für offene Fragen oder für Hinweise zur Vertiefung.

Hilfreiche Handreichungen für das Referat

»Was man Schwarz auf Weiß besitzt, kann man getrost nach Hause tragen.«

(Goethe, Faust I)

Bei vielen Referaten ist es hilfreich, eine Handreichung (auch: Handout, Tischvorlage, Thesen- oder Arbeitspapier) zu verteilen. Diese Handreichung kann unterschiedliche Funktionen haben:

- Sie stellt wesentliche Punkte (Fakten, Aspekte oder Argumente) eines Themas dar.
- Sie fasst die dargestellten Informationen in prägnanter Form zusammen.
- Sie macht, indem sie sich an die Gliederung des Referats anlehnt, den »roten Faden« deutlich und bietet Orientierung für Nachfragen oder Diskussionen.
- Sie unterstützt den Verstehensprozess, indem sinnvolle Schwerpunkte gesetzt werden.
- Sie erleichtert und strukturiert das Mitschreiben.
- Sie gibt Definitionen und kurze Texte bzw. Schlüsselzitate wieder.
- Sie gibt Hinweise auf weiterführende Informationen (Literatur oder Internet).

Die Handreichung orientiert sich an zweierlei: 1. Was muss der Zuhörer während des Referats »vor Augen« haben, um inhaltlich besser folgen zu können? 2. Was sind die »essentials«, die der Zuhörer aus dem Referat »mitnehmen« sollte?

Handreichungen enthalten die notwendigen Formalien wie Datum oder Schuljahr, Schule, Klasse oder Kurs, Lehrer, U-Einheit und den Namen des Referenten; sie nennen in einer Überschrift das Thema oder die Fragestellung; sie umfassen in der Regel ein bis zwei Seiten; diese können – um die Übersichtlichkeit der Handreichung zu erhalten – in einem Anhang durch Tabellen, Datenreihen, Grafiken, aber auch durch Arbeitstexte ergänzt werden; selbstverständlich sollten Handreichungen in ausreichender Anzahl zur Verfügung stehen und ausreichend Platz für Notizen enthalten.

Von einem Thesenpapier im engeren Sinne spricht man, wenn im Referat nicht nur Informationen gegeben, sondern auch Thesen zu einer strittigen Frage aufgestellt werden.

Form und Funktion der Handreichung sollten mit dem jeweiligen Lehrer abgesprochen sein, denn die Anforderungen an eine solche Tischvorlage hängen sehr vom jeweiligen Fach, dem Lehrer, dem Unterrichtsstil usw. ab. Folgende Fragen sollten im Hinblick auf die konkrete Situation geklärt werden:

Soll die Handreichung vor, während oder nach dem Referat ausgeteilt werden?

In den meisten Fällen ist es sinnvoll, das Papier vor dem Referat auszuteilen, denn dann entlastet es den Referenten, es unterstützt den Verstehensprozess der Zuhörer, indem dieser vor Augen hat, worum es gerade geht, und es fordert zum Mitschreiben auf.

Soll die Handreichung alle Fakten enthalten oder zum Mitschreiben auffordern?

Sollen die Mitschüler nicht nur zuhören, sondern auch mitdenken und mitschreiben, dann ist es sinnvoll, wenn die Handreichung eine Struktur vorgibt, in welche die entsprechenden Informationen oder Einsichten von den Zuhörern eingetragen werden.

Wer sorgt für die Vervielfältigung der Handreichung?

Im Idealfall sorgt der Referent selbst für die Vervielfältigung. Nur wenn er wirklich keine Gelegenheit dazu hat, dann darf er den Lehrer um Unterstützung bitten – dies aber bitte rechtzeitig vor dem Referat!

4.8 Verständlichkeit und Visualisierung

Wenn Schüler Referate vorbereiten, stehen sie für gewöhnlich vor einer anspruchsvollen Herausforderung: Nach dem Erfassen der Literatur stellen sie fest, dass sie die Informationen, so wie sie sich ihnen z. B. in einem Fachbuch oder Lexikon darstellen, nicht unverändert weitergeben können – zu groß wäre die Diskrepanz zwischen Kenntnisstand und Bewusstsein des Autors ihrer Quelle und dem der Mitschüler als Ziel. Damit stehen sie vor der Aufgabe, einen meist komplexen Text in geschriebener Sprache in einen einfacheren Text umzuwandeln, der beim bloßen Zuhören (allenfalls mit visueller Unterstützung) bereits verstanden werden soll. Im Unterrichtsgespräch kann der Lehrer diese Herausforderung an der Tafel in einer einfachen Gegenüberstellung verdeutlichen.

Info-Quelle für Referat	**Ziel des Referats**
sachkundige Erwachsene	Schüler mit geringerem Vorwissen
umfassende Information	gezielte Informationsauswahl
einseitig sachorientierter Text	bewusste Du-Orientierung
geschriebene Sprache ▸ differenzierter im Wortschatz ▸ komplexe Sätze, oft verschachtelt ▸ hohe Informationsdichte ▸ grafische Merkmale	gesprochene Sprache ▸ einfacher in Wortwahl ▸ kürzere, einfachere Sätze ▸ geringere Dichte, Wiederholungen ▸ Sprechpausen und Betonung
dem Lesevorgang angemessen: kann mehrfach gelesen werden	dem Hörvorgang angemessen: muss bei einmaligem Hören verstanden werden

Damit wird den Schülern einsichtig, dass sie den Text verändern, also auf das Bewusstsein ihrer Zuhörer „herunterbrechen" müssen, damit er für ihre Zielgruppe verständlich wird. Somit wird auch klar, dass ein Text selbst nicht verständlich oder unverständlich ist.

Texte können nur im Hinblick auf ihre jeweilige Rezeption (Lesen – Hören) und Zielgruppe (Fachleute – Laien) in ihrer Verständlichkeit beurteilt werden. Kurz gesagt: Der Begriff der Verständlichkeit (Gora 1992, 1998 ausführlich) lässt sich nach rhetorischer Überzeugung überhaupt nur im Hinblick auf eine bestimmte Zielgruppe denken, beim Referat in der Schule sind dies vor allem die Mitschüler (weniger der Lehrer).

Daran schließt sich die Frage nach den Merkmalen von Verständlichkeit an. Ein Hamburger Psychologenteam um *Friedemann Schulz von Thun* (Schulz v. Thun 1998;

Langer u.a. 1990) hat in den achtziger Jahren in einer Reihe von Versuchen vier „Dimensionen" der Verständlichkeit entdeckt, die sich gut zur Analyse und zur Verbesserung schwer verständlicher Texte eignen. Diese – auf den ersten Blick etwas plakativ wirkenden – Merkmale lassen sich in das bereits bekannte Strukturmodell (s. Seite 86) einfügen, sodass sich die folgende Gegenüberstellung ergibt:

Im Hinblick auf Verständlichkeit sollte ...

vermieden werden:	**beachtet werden:**
Kompliziertheit	Einfachheit
Zusammenhanglosigkeit	Struktur (Gliederung, Ordnung)
Weitschweifigkeit	Kürze, Prägnanz
das Fehlen zusätzlicher Anregungen	zusätzliche Anregungen

Die beiden ersten Dimensionen bedürfen kaum einer näheren Erläuterung. Die Schüler beziehen den Begriff Einfachheit unter sprachlichem Aspekt meist von selbst auf Wortwahl und Satzbau, und dass strukturierte Texte leichter verständlich sind, entspricht durchaus ihrer Erfahrung.

Interessanterweise stehen aber die dritte und die vierte Dimension scheinbar in einem Widerspruch zueinander. Verlieren die Zuhörer bei kurzen, prägnanten Texten nicht schnell das Interesse, weil beispielsweise die persönliche Ansprache oder interessante Ausführungen und Vertiefungen fehlen? Bergen umgekehrt zusätzliche Anregungen nicht die Gefahr der ermüdenden Weitschweifigkeit in sich?

Auch hier ergibt sich zwischen den Erfordernissen der Sache und der Verstehenskapazität der Zuhörer ein Spannungsfeld: Verständliche Texte brauchen zusätzliche (über die Sache hinausgehende) Anregungen, sofern diese nicht in Weitschweifigkeit ausarten. Umgekehrt dürfen Kürze und Prägnanz nicht dazu führen, dass der Text jeden Anreiz für den Leser oder Zuhörer verliert. Das Spannungsfeld zwischen du- und sachorientiertem Reden gilt insofern also auch für den Bereich der Verständlichkeit, als es eben kein Patentrezept für eine optimale Lösung gibt; vielmehr hängt die Lösung immer von zwei Variablen ab: dem konkreten Zuhörerkreis und dem jeweils darzustellenden Sachverhalt. Während die Forderung nach Einfachheit und Gliederung (bzw. Struktur!) relativ leicht zu erfüllen ist, stellt die angemessene Balance zwischen zusätzlicher Anregung und kurzer Darstellung eine echte Herausforderung dar. Vor allem erfordern „zusätzliche Anregungen" eine eigene schöpferische Leistung des Referenten, die über die reine Darstellung eines Sachverhalts deutlich hinausgeht. Hier wäre dem Schüler zu empfehlen, sich gut in die Mitschüler hineinzuversetzen, das eigene Referat im Hinblick auf deren Voraussetzungen, Interessen und Erwartungen zu denken, also aus der Perspektive der Zuhörer zu konzipieren.

Soll dies geübt werden, so bietet sich zur besseren Operationalisierung das Arbeitsblatt „Schwierige Sachverhalte verständlich formulieren" (s. KV Seite 120) an. Auf diesem Arbeitsblatt sind auch konkrete Vorschläge für gelungene Visualisierungen enthalten.

Abschließend stellt sich die Frage, an welchen Texten die Schüler das Formulieren verständlicher Text üben sollen. Und welche Texte eignen sich für eine das Verständnis unterstützende Visualisierung?

Ist Rhetorik als Unterrichtseinheit in den Deutsch-Unterricht integriert, liegen germanistische Begriffe nahe, die ohnehin in absehbarer Zeit geklärt und verwendet werden müssen; auf der Mittelstufe wären dies etwa einfache Gattungsbezeichnungen wie Ballade oder Parabel, Fachbegriffe wie Metrum und Rhythmus, auf der Oberstufe Epochenbezeichnungen wie Klassik oder Romantik, aber auch anspruchsvollere Fachbegriffe wie Satire oder Groteske; als Quelle empfehlen sich die einschlägigen Fachlexika wie Metzlers Literatur Lexikon o. Ä.

Selbstverständlich lassen sich mit Gewinn auch Begriffe außerhalb der Germanistik umwandeln, Begriffe etwa, die zur Allgemeinbildung gehören oder die aktuell auf der Tagesordnung der Politik stehen: Atomkraft, Betriebssystem, Christentum, Demokratie, Energie, ... Zeitrechnung. Das Angebot an interessanten Texten ist unerschöpflich! Als Quelle wären hier Artikel aus Konversationslexika (für die Mittelstufe) oder Enzyklopädien und Fachlexika (für die Oberstufe) heranzuziehen. Besteht Gelegenheit, Texte aus dem Internet im Computerraum gemeinsam umzuformulieren, dann bieten sich für Unter- und Mittelstufe durchaus auch ausgewählte Lemmata aus „Wikipedia" an.

Wenn sich bei der Unterrichtsplanung das Zeitproblem stellt, können Synergieeffekte genutzt werden. Warum sollten Schüler das Formulieren verständlicher Texte nicht gleich an Begriffen der Rhetorik üben? Sind nicht zentrale Begriffe wie Angemessenheit, Argumentation, Botschaft, Diskussion/Debatte, ethos – logos – pathos, Kommunikation, Redegattungen, Strategie usw. für diese sprachliche Übung bestens geeignet? Auch hier ist das Angebot unerschöpflich.

Für die Oberstufe werden im Folgenden zwei anspruchsvollere Texte vorgeschlagen, die von renommierten Wissenschaftlern (Knape 1992 ff.; Kienpointner 1996) stammen und in einem inhaltlichen Zusammenhang stehen. Diese Texte sind zwar der Fachliteratur entnommen, aber für Schulzwecke gekürzt und mit altersgemäßen Arbeitsaufträgen versehen (s. KV auf den Seiten 121 und 122).

Schwierige Sachverhalte verständlich formulieren

1. Wortwahl

- Sei in der Wortwahl möglichst einfach und konkret. Vermeide Mehrdeutigkeiten.
- Vermeide unnötige Fremdwörter. Definiere und erläutere Fachbegriffe, wenn diese nicht bei allen Zuhörern vorausgesetzt werden können.
- Vereinfache Zahlenwerte und Daten: Runde auf oder ab, arbeite mit Brüchen oder Faktoren, mit Indexzahlen oder Prozentwerten. Reduziere Zahlenmaterial auf wenige merkbare Daten, oder stelle es grafisch (z. B. in Diagrammen) dar.

2. Satzlänge und Satzstruktur

- Überprüfe Sätze mit mehr als zwanzig Wörtern auf ihre Verständlichkeit hin. Kürze zu lange Sätze, oder teile ihre Inhalte auf mehrere Sätze auf. Streiche nebensächliche Aussagen und verwirrende Differenzierungen.
- Gliedere den Satz nach Sinneinheiten: Platziere Aussageschwerpunkte günstig; vermeide Voranstellungen und Einschübe, wenn sie zu komplex sind. Vermeide Konstruktionen (z. B. mehrfache Verneinungen) und unnötige Relativierungen aus Unsicherheit (z. B. durch Füllwörter), die die Klarheit der Aussage mindern.
- Vermeide Nominalstil, verwende aussagekräftige Verben. Mache deutlich, wer handelt, wer betroffen und wer angesprochen ist.

3. Textstruktur

- Gliedere deinen Redetext so, dass der Aufbau für den Verstehensprozess des Zuhörers hilfreich ist; halte daher diese Struktur ein: 1. Worüber spreche ich? (Thema) 2. Was habe ich dem Zuhörer dazu zu sagen? (Aussage) und 3. Warum geht dies die Zuhörer an? (Relevanz)
- Arbeite Zusammenhänge und Gegensätze besonders deutlich heraus.
- Mache bei neuen Gliederungspunkten deutlich, um welchen Aspekt es gehen soll.

4. Informationsmenge und du-orientierte Auswahl

- Gib nicht mehr Informationen, als man beim bloßen Zuhören verarbeiten kann; in der Regel ist das eine wesentliche Neuinformation pro Satz (Ausnahme: Aufzählungen).
- Lockere die Informationsdichte der schriftlichen Quelle auf: Füge Beispiele zur Veranschaulichung ein; konkretisiere und erläutere abstrakte Aussagen.
- Überlege dir, was der Zuhörer von deinem Vortrag behalten soll: Formuliere „Botschaften“, die für den Zuhörer relevant sind.

5. Visualisierung (Präsentationstechniken)

- Gestalte die Visualisierung mit dem Ziel, die Verständlichkeit deines Vortrags zu erhöhen; reduziere dabei deinen Vortrag in Stichworten oder kurzen Sätzen auf die Essentials.
- Mache die Struktur deines Vortrags und damit auch die Struktur zwischen den Informationen deutlich; hebe Wesentliches hervor; verwende grafische Elemente und Farben, um Zusammenhänge (z. B. Ursache ⇨ Wirkung) herzustellen.
- Überlege dir, welche Präsentationstechnik (Tafel, Folie, Flipchart/Lernplakat/Pinnwand, Powerpoint) für deinen Vortrag am geeignetsten ist.

Manfred Kienpointner: Vernünftig argumentieren

Auf dieser Basis habe ich im Anschluss an die holländischen Sprachwissenschaftler Frans van Eemeren und Rob Grootendorst zehn Regeln für die Durchführung kritischer Diskussionen angegeben. Die 10 Regeln betreffen die prinzipielle Redefreiheit (1.), die Begründungspflicht (2.), die korrekte Bezugnahme auf das von den Gesprächsteilnehmern Gesagte (3.), die Forderung nach größtmöglicher Sachlichkeit (4.), die korrekte Bezugnahme auf implizite Voraussetzungen (Prämissen) (5.), das Respektieren von gemeinsamen inhaltlichen Ausgangspunkten (6.), die Verwendung plausibler Argumentationsmuster (7.), das Beachten der logischen Gültigkeit (8.), die Annahme des in der Diskussion erzielten Ergebnisses (9.) und schließlich das Bemühen, klar zu formulieren und die Gesprächspartner möglichst korrekt zu verstehen (10.).

1. Die Argumentierenden dürfen einander nicht hindern, Standpunkte vorzubringen oder Standpunkte zu bezweifeln.
2. Wer einen Standpunkt vorbringt, ist verpflichtet, ihn zu verteidigen, wenn er oder sie gebeten wird, dies zu tun.
3. Ein Widerlegungsversuch muss sich auf denjenigen Standpunkt beziehen, der tatsächlich von der Gegenpartei in der Diskussion geäußert worden ist.
4. Ein Standpunkt darf nur dadurch verteidigt werden, dass man Argumente für den Standpunkt vorbringt.
5. Eine Person ist verpflichtet, zu den Voraussetzungen (= Prämissen) zu stehen, die er oder sie implizit zum Ausdruck gebracht hat. Umgekehrt dürfen den Kontrahenten nicht Prämissen unterstellt werden, die sich aus deren Äußerungen gar nicht entnehmen lassen.
6. Eine Prämisse darf nicht fälschlich als gemeinsam akzeptierter Ausgangspunkt hingestellt werden, und umgekehrt darf eine Prämisse, die gemeinsam akzeptiert ist, nicht zurückgewiesen werden.
7. Ein Standpunkt darf nicht als hinreichend gerechtfertigt angesehen werden, wenn die Rechtfertigung nicht durch ein plausibles und korrekt angewendetes Argumentationsmuster erfolgt.
8. Die Argumentationsmuster müssen logisch gültig sein oder zu logisch gültigen Schlussfolgerungen ergänzt werden können (durch das Explizitmachen von indirekt unterstellten Prämissen).
9. Wenn die Rechtfertigung eines Standpunktes nach den obigen Regeln korrekt erfolgt ist, muss die Person, die den Standpunkt in Zweifel gezogen hat, ihn nun akzeptieren; wenn die Rechtfertigung nicht gelungen ist, muss die Person, die den Standpunkt vertreten hat, ihn nunmehr zurücknehmen.
10. Die Formulierung der Argumentation darf weder ungenau noch mehrdeutig sein, und die Gesprächsteilnehmer müssen gegenseitig ihre Formulierungen so sorgfältig wie möglich interpretieren.

Anregungen für den Kurzvortrag mit Visualisierung:

- Kläre alle Fremdwörter, Fachbegriffe und Sachverhalte.
- Unterstreiche die wesentlichen Forderungen! Wähle aus, was für deine Zuhörer besonders relevant ist, und mache dies zum Schwerpunkt deines Vortrags.
- Gestalte eine Visualisierung, in der zwei Gesprächspartner dargestellt und in der Begriffe wie Standpunkt, Argument, Widerlegung, Prämisse, logisch, plausibel, akzeptiert usw. sinnvoll angeordnet sind.

Joachim Knape: Persuasion

(dt.: Überredung/Überzeugung; lat.: persuasio) Die Persuasionsoperation bildet den technischen Kern der Rhetorik. Mit Persuasion wird struktural der Wechsel von einem mentalen Zustand in einen anderen bezeichnet, der bei Menschen als erwünschte Reaktion auf kalkulierte, Widerstand umgehende oder überwindende rhetorische Handlungen eintritt. Dies wird meistens als das eigentliche Erfolgsziel rhetorischer, also strategisch-kommunikativer Praxis angesehen. Im weiteren Sinn versteht man unter Persuasion auch den gesamten vom Kommunikator initiierten Überzeugungsvorgang mit dem Ziel, bei anderen einen Standpunktwechsel herbeizuführen. Er wird traditionell als kommunikative »Beeinflussung« nach Art einer Ursache-Wirkung-Kette gedacht. [...]

Die persuasiven Handlungen sind eingebettet in weitreichende kulturelle Zusammenhänge bzw. soziale Abläufe und ergeben sich damit aus der menschlichen Lebenswirklichkeit: »Die Lebensweltwirklichkeit macht [...] durch die existenzielle Problematik eines ständigen Andersseinskönnens der Dinge und Andersdeuten-, -entscheiden- und -handelnkönnens der Personen die situationsklärenden persuasiven Argumentationen notwendig [...].« (P. L. Oesterreich). Persuasion, die sich keineswegs im Argumentieren erschöpft, ist als Basisfaktor der Kommunikation und als eine Grundkategorie der Rhetorik aufzufassen.

Cicero nennt die Rhetorik im 1. Jh. v. Chr. eine »seelenwendende Königin« und meint damit den persuasiven Wechsel. Dieser Wechsel betrifft die im Rahmen von »Orientierungsinteraktionen« eintretenden Veränderungen in der mentalen Orientierung bezüglich vorgegebener Realitäten in Wissen, Wahrnehmung und Erleben. Persuasion verändert »die Interpretation und/oder das Verhältnis zur Realität«. Die Kategorie Persuasion bezieht sich also nicht auf die neutral betrachtbaren Vorgänge der Informationsvermittlung [...]. Persuasion liegt nur vor, wenn ein Wechsel bei Urteilen, Einschätzungen und Haltungen unter den verschiedenen Orientierungsaspekten instruktiv (etwas ist so und nicht anders), verifikativ (wahr/falsch, wahrscheinlich/unwahrscheinlich), evaluativ (gut/schlecht, schön/hässlich usw.), axiomativ (gilt/gilt nicht), emotiv (zu lieben/zu hassen) und voluntativ (zu tun/nicht zu tun) stattfindet. Die genannten Orientierungsaspekte [...] führen zu entsprechender Gewissheit beim Rezipienten. Diese tritt kurzfristig als Meinung oder längerfristig als Einstellung auf. Der nach dem mentalen Wechsel auftretende Zustand der Gewissheit kann, muss aber nicht notwendig eine Verhaltensänderung nach sich ziehen. [...]

Aus rhetorischer Perspektive, d. h. aus Sicht des Orators, ist ein persuasiver Akt geglückt, wenn der genannte mentale Wechsel von Punkt A zu Punkt B beim Rezipienten evident geworden ist. [...]

Voraussetzung für die rhetorische Herbeiführung und Auslösung der persuasiven Operation ist eine mentale Differenz zwischen den Kommunikationspartnern, denn die Ursache jeglicher Persuasion liegt in einer bestimmten Intention des Orators (rhetorischen Kommunikators), die in einem Spannungsverhältnis zu Meinung, Erwartungshaltung, Einstellung, Interessenslage oder sonstigen Verhaltensdispositionen des Rezipienten steht. [...]

Anregungen für den Kurzvortrag mit Visualisierung:

- Kläre alle Fremdwörter, Fachbegriffe und Sachverhalte.
- Unterstreiche die wesentlichen Forderungen! Wähle aus, was für deine Zuhörer besonders relevant ist, und mache dies zum Schwerpunkt deines Vortrags.
- Gestalte eine Visualisierung, in der zwei Gesprächspartner mit den Bewusstseinsinhalten A und B dargestellt sind. Ordne Stichworte wie Realität, mentale Differenz, mentaler Wechsel, Widerstand usw. so an, dass dadurch die Verständlichkeit deines Vortrags erhöht wird.

4.9 Pro-Kontra-Debatte als Königsdisziplin

Für das Debattieren im Rahmen der praktischen Rhetorik gibt es gute Gründe:

- Schüler müssen es ohnehin in schriftlicher Form lernen, denn das Abwägen von Pro und Kontra in der Erörterung ist nichts anderes als die verschriftlichte Form einer Debatte. Im Rahmen des Deutschunterrichts ist das Debattieren eine Methode der Aufsatzvorbereitung, die viele Energien freisetzt und durch den Showcharakter Spaß macht.
- Bei dieser Gesprächstechnik steht das intensive, wechselseitige und spontane Argumentieren in einer kontroversen Situation im Mittelpunkt. Schüler werden in der Vorbereitung und während der Debatte ständig dazu angehalten, sich in die Gegenseite hineinzuversetzen und schulen so ihre Fähigkeit zum dialektischen Denken und zur Schlagfertigkeit. Denn das Überzeugen gelingt leichter, wenn man die Widerstände des Gegenüber einschätzen kann.
- Die Debatte gilt zu Recht als Königsdisziplin der Rhetorik, denn hier wird in der polaren Zuspitzung „Ja oder Nein" eine Streitfrage zur Entscheidung gebracht. Es geht darum, die Gegenseite in einer kontroversen Redesituation zu überzeugen. Da es zumeist um konkrete Maßnahmen geht, wird der Zusammenhang von Sprechen und Handeln hier besonders sinnfällig.

Debattiert werden kann in unterschiedlichen Formaten, und jeder Lehrer wird seine Entscheidung im Hinblick auf die Unterrichtssituation treffen. Sinnvoll ist es aber, sich an *Jugend debattiert* zu orientieren, denn dieses Format ist durch den Bundeswettbewerb weit verbreitet, es ist klug durchdacht und ausgereift, vor allem stehen inzwischen ausgezeichnete Materialien zur Verfügung, nicht nur für Schulen, die sich an dem Projekt beteiligen. Das Debattenformat besticht vor allem durch seine Klarheit und Prägnanz: Debattiert wird in einer 24-Minuten-Debatte über aktuelle politische Streitfragen. Jeder der vier Debattanten hat zu Beginn zwei Minuten ungestörte Redezeit. Anschließend folgen zwölf Minuten freier Aussprache. Für das Schlusswort steht jedem Teilnehmer eine Minute zur Verfügung. Der Zeitrahmen von 24 Minuten kann in Schnupper- oder anderen Übungsdebatten verkürzt und den Erfordernissen der Unterrichtssituation, den Fähigkeiten der Schüler und der Ergiebigkeit des jeweiligen Themas angepasst werden:

Eröffnungsrunde	**Freie Aussprache**	**Schlussrunde**	**Summe**
4 x 2 Min.	12 Min.	4 x 1 Min.	24 Min.
4 x 1 Min.	8 Min.	4 x 1 Min.	16 Min.
4 x 1 Min.	6 Min.	4 x 1/2 Min.	12 Min.

Da er den Zeitrahmen festlegt, kann der Lehrer dieses Format flexibel seinen Unterrichtszielen anpassen; gleichwohl wissen die Schüler genau, was in den einzelnen Phasen der Debatte geschieht und wer in welcher Reihenfolge spricht, sodass es bei diesem Format keines Diskussionsleiters bedarf. Denn die Reihenfolge ist für die Eröffnungs- und die Schlussrunde festgelegt: Pro 1 ▸ Kontra 1 ▸ Pro 2 ▸ Kontra 2. Über die Einhaltung der maximalen Redezeit wacht ein „Zeitwächter".

Da die Pro-Seite eine Veränderung des bestehenden Status befürwortet, ist der erste Pro-Redner gehalten, die Schlüsselbegriffe der Streitfrage zu definieren und die geforderte Maßnahme zu konkretisieren. Dass es in der freien Aussprache auch ohne Diskussionsleiter fair zugeht und sich jeder Debattant einbringen kann, dafür sorgt das Bewertungskriterium „Gesprächsfähigkeit": Positiv bewertet wird nicht nur, wer sich mit seinen Argumenten einbringt und die Debatte inhaltlich voranbringt, sondern auch, wer aufmerksam zuhört, wer auf die Gesprächspartner eingeht und sich – wenn es der Gesprächsverlauf verlangt – auch einmal zurücknehmen kann. Neben diesem das Debattenformat charakterisierenden Kriterium werden von der Jury auch Sachkenntnis, Ausdrucksvermögen und Überzeugungskraft bewertet und im Anschluss an die Debatte allen – den Debattanten wie den Zuhörern – in einem Feedback transparent gemacht.

Die Streitfragen, die aus der Pro- und der Kontra-Perspektive debattiert werden, sind Entscheidungs-, keine Klärungsfragen, sie beziehen sich auf Themen, die allgemein politisch sind, also alle grundsätzlich etwas angehen („tua res agitur") und sie zielen auf eine konkrete Maßnahme oder Regelung, die den bestehenden Zustand ändert.

Die hier nun vorgestellten Debattenvarianten sind besonders geeignet, den persuasiven Wechsel, der in einer Debatte vollzogen wird, transparent zu machen. Dazu ist es hilfreich, den Begriff „Persuasion" (Überredung/Überzeugung) in der Vor- oder Nachbereitung auch theoretisch aufzuarbeiten. Denn in diesen Formaten sollen die zuhörenden Mitschüler durch ihre jeweilige Position im Klassenraum ihre Meinung (oder sogar Einstellung) zur Streitfrage zum Ausdruck bringen. In beiden Formaten ist das Schulmobiliar so beiseite zu räumen, dass im Klassenraum ein inneres Spielfeld von etwa vier auf vier Metern („Feld der Kontroverse") entsteht. Hinter den Pro-Debattanten sitzen auf Stühlen die Anhänger der Pro-Seite, hinter den Kontra-Debattanten die Sympathisanten der Kontra-Seite. Die Schüler, die sich noch keine Meinung gebildet haben, sitzen an den beiden Längsseiten. Die Skizze auf der Folienvorlage S. 127 verdeutlicht das Grundschema der vier vorgestellten Formate:

Diese Anordnung macht es möglich, den persuasiven Einwirkungs- und Entscheidungsprozess beim Debattieren zu veranschaulichen.

Bei den kontroversen *Debattenstatements* (s. FV Seite 126) tragen Pro- und Kontra-Debattanten abwechselnd ihre Statements vor, während die übrigen Mitschüler nach jedem Wortwechsel durch Positionierung im Raum ihren aktuellen Meinungsstand zum Ausdruck bringen. Diese Einzelreden scheinen im Vergleich zu *Jugend debattiert* einen Rückschritt darzustellen, haben aber den Vorteil, dass Schüler, gestützt auf eine solide Vorbereitung, zunächst einmal Statements mit einer zielgerichteten Argumentation vortragen dürfen, ohne dabei unterbrochen zu werden – eine wichtige Vorstufe auf dem Weg zur richtigen Debatte! Kontrovers im Sinne einer Debatte sind sie gleichwohl: Der Wechsel von Pro- und Kontra- und die Vorwegnahme von Gegenargumenten schulen das dialektische Denken und fordern zur direkten Auseinandersetzung heraus! Die Zeitdauer für die kontroversen Statements hängt von der Klassengröße ab: Bei 24 Schülern ist mit sechs (drei Pro-, drei Kontra-), bei 32 Schülern mit acht (vier Pro-, vier Kontra-) Beiträgen zu rechnen; die Beiträge dauern auf der Mittelstufe ein bis maximal zwei, auf der Oberstufe selten mehr als zwei Minuten.

Bei Pro gegen Kontra mit Rückendeckung debattieren zunächst nur ein Pro- und ein Kontra-Redner miteinander, bis ihnen ein Anhänger die Hand auf die Schulter legt, um ihn abzulösen (s. FV Seite 127). Diese Variante wird so lange fortgesetzt, bis das Lager der Unentschiedenen „leergeräumt" ist (oder zumindest bis sich fünf Unentschiedene von der Pro- oder der Kontra-Seite haben überzeugen lassen).

Bei *Vier gegen Vier* (s. FV S. 128) sind drei Runden zu unterscheiden: Zunächst tragen (zwei mal) vier Debattanten jeweils ein Argument vor, dann dürfen (zwei mal) vier weitere Debattanten auch auf die Argumente der Gegenseite eingehen und schließlich dürfen die letzten (zwei mal) vier Debattanten die bisher genannten Argumente nochmals bedenken und gewichten.

Die Variante *Der Kampf um die Unentschiedenen* (s. FV Seite 129) führt in der Regel zu den originellsten (und witzigsten) Debattenbeiträgen. Auch hier wird die Klasse zu einer Streitfrage nach der Ausgangsmeinung befragt: pro, kontra oder unentschieden? Aus dem Lager der Unentschiedenen wird ein Freiwilliger ausgewählt, der sich in der Mitte des Raums auf den Stuhl des Unentschiedenen setzen darf. Aufgabe der gesamten Gruppe ist es, ihn von einem Zustand der Gleichgültigkeit, des Zweifels, der Unentschiedenheit (kurz: dubium genannt) in einen Zustand der (zumindest relativen) Gewissheit (certum) zu überführen. Das (durch einen Tisch oder einen Stuhl angedeutete) Redepult lädt nun alle, die sich bereits eine Meinung gebildet haben, ein, den „Unentschiedenen" von ihrer jeweiligen Meinung zu überzeugen. Dieser muss sich mindestens zwei Pro- und zwei Kontra-Argumente anhören, bevor er sich einem der beiden Lager anschließen darf. Diese Debatte wird so lange fortgesetzt, bis das Lager der Unentschiedenen „leergeräumt" ist (oder bis sich wenigstens fünf Unentschiedene haben überzeugen lassen).

Trotz der aktiven Beteiligung einzelner Schüler sollte die ganze Klasse durch gezielte Beobachtungsaufträge sensibilisiert werden, den Debattanten genau zuzuhören und deren Argumentation zu überprüfen. Die Kriterien von *Jugend debattiert* (Sachkenntnis, Ausdrucksvermögen, Gesprächsfähigkeit und Überzeugungskraft) sind dazu bestens geeignet, sie haben sich nicht nur im Wettbewerb, sondern auch im Unterricht bewährt. Um alle Schüler zu beteiligen, ist es aber erforderlich, diese Kriterien in weitere Einzelaufträge aufzuteilen (s. FV Seite 130).

Für die Besprechung der gesamten Debatte und das Feedback an einzelne Debattanten sind mindestens fünf, besser zehn Minuten einzuplanen.

FOLIENVORLAGE

Debattenstatements abgeben

Ich bin der Meinung, dass … *(These)*

Von den vielen Gründen, die dafür sprechen,
möchte ich nur drei nennen: …

Argument 1
Argument 2
Argument 3

Das letzte Argument möchte ich kurz erläutern: … *(A-Stütze)*

Die Gegenseite behauptet … *(Gegenthese)*
Das überzeugt mich aber nicht, denn …

Deshalb fordere ich … *(eigenes Anliegen, Forderung)*

Ich hoffe, meine Argumente haben euch überzeugt,
und ihr könnt euch meiner Meinung anschließen!

- Die ausgewählten Debattanten tragen ihre Statements vor, während für alle anderen Schüler der „Fraktionszwang" aufgehoben wird: Sie platzieren sich im Raum entsprechend ihrer augenblicklichen Meinung.
- Nach jedem Wortwechsel (Pro und Kontra) wird die Kontroverse kurz unterbrochen, damit alle Mitschüler durch eine veränderte Positionierung ihren Meinungswechsel zum Ausdruck bringen können.
- Die Übung endet – abhängig von der Klassengröße – nach vier oder fünf Wortwechseln.

Lager der Unentschiedenen

Pro-Lager **Pro** ↔ **Kontra** Kontra-Lager

Lager der Unentschiedenen

FOLIENVORLAGE

Pro gegen Kontra mit Rückendeckung

<table>
<tr><td colspan="3">Lager der Pro-Anhänger (certum pro)</td></tr>
<tr><td>Lager der Unentschiedenen (dubium)</td><td>Pro-Debattant
Feld der Kontroverse
Kontra-Debattant</td><td>Lager der Unentschiedenen (dubium)</td></tr>
<tr><td colspan="3">Lager der Kontra-Anhänger (certum kontra)</td></tr>
</table>

- Bei diesem Debattenformat sitzen sich ein Pro- und ein Kontra-Redner gegenüber.
- Pro beginnt, Kontra erwidert. In der freien Aussprache debattieren sie solange, bis einer der Anhänger seinem Debattanten die Hand auf die Schulter legt. Das bedeutet: »Lass mich dich ablösen, ich habe ein gutes Argument für unsere Seite.«
- Nach etwa drei Wortwechseln (Pro und Kontra) wird die Kontroverse kurz unterbrochen, damit alle Mitschüler durch eine veränderte Platzierung im Raum ihren Meinungswechsel zum Ausdruck bringen dürfen.
- Diese Debatte wird fortgesetzt, bis das Lager der Unentschiedenen »leergeräumt« ist oder bis sich fünf Unentschiedene von der Pro- oder der Kontra-Seite haben überzeugen lassen.

FOLIENVORLAGE

Debattenformat: Vier gegen Vier

<table>
<tr><td colspan="3">Lager der Pro-Anhänger (certum pro)</td></tr>
<tr><td>Lager der
Unentschiedenen
(dubium)</td><td>Pro-Debattanten
1 2 3 4

4 3 2 1
Kontra-Debattanten</td><td>Lager der
Unentschiedenen
(dubium)</td></tr>
<tr><td colspan="3">Lager der Kontra-Anhänger (certum kontra)</td></tr>
</table>

- Alle Schüler platzieren sich entsprechend ihrer Meinung im Raum.
- In der ersten Runde nehmen die Debattanten auf der Pro- und der Kontra-Seite ihre Plätze ein. Durch die Position ist die Reihenfolge der Redebeiträge festgelegt: Auf Pro 1 folgt Kontra 1, darauf spricht Pro 2 ... usw.
- Jeder Debattant darf ein Argument vortragen und näher erläutern.
- Nachdem die acht Debattanten ihre Argumente vorgetragen haben, wird die Kontroverse unterbrochen; Gleiches geschieht vor der zweiten und der dritten Runde sowie zum Abschluss: Jeder Zuhörer überlegt, inwieweit sich durch die Argumentation seine Meinung geändert hat und positioniert sich neu im Raum. Auch die Debattanten überdenken ihre Meinung, verlassen die Debattenplätze und platzieren sich ebenfalls im Raum. Dabei haben sie das Recht, das Lager zu wechseln.
- In der zweiten Runde dürfen acht neue Debattanten auf die bisher genannten Argumente eingehen oder neue Argumente vortragen; finden sich nicht genügend neue Debattanten, dürfen Debattanten aus der vorangegangen Runde nochmals antreten.
- In der dritten Runde versuchen die neuen Debattanten die bisher genannten Argumente nochmals zu bedenken und zu gewichten. Es dürfen keine neuen Argumente angeführt werden.

FOLIENVORLAGE

Der Kampf um die Unentschiedenen

Lager der Pro-Anhänger (certum pro)		
Lager der Unentschiedenen (dubium)	Redepult Pro Der »Unentschiedene« Redepult Kontra	Lager der Unentschiedenen (dubium)
Lager der Kontra-Anhänger (certum kontra)		

- Ein Schüler aus dem Lager der Unentschiedenen nimmt in der Mitte des Raums Platz.
- Abwechselnd treten Schüler aus dem Pro- und aus dem Kontra-Lager an das jeweilige Redepult und tragen jeweils ein Argument vor.
- Der Unentschiedene muss sich mindestens zwei Pro- und zwei Kontra-Argumente anhören, bevor er seinen Meinungswechsel bekannt geben und sich einem der beiden Lager anschließen darf.
- Bevor ein weiterer Schüler aus dem Lager der Unentschiedenen in der Mitte Platz nimmt, dürfen alle Mitschüler durch eine veränderte Platzierung im Raum ihren Meinungswechsel zum Ausdruck bringen.
- Dieses Verfahren wird fortgesetzt, bis das Lager der Unentschiedenen „leergeräumt" ist oder bis sich fünf Unentschiedene von der Pro- oder der Kontra-Seite haben überzeugen lassen.

FOLIENVORLAGE

24 Beobachtungsaufträge für die gesamte Klasse

Zur Gesamtdebatte
- Wie ist das Argumentationsniveau insgesamt einzuschätzen?
- Ist die Streitfrage von allen verstanden und konsequent debattiert worden? Oder hat es thematische Abweichungen gegeben?
- Ist die Streitfrage geklärt worden?
- In welchem Umfang hat die Debatte zur Meinungsbildung beigetragen?
- Ist die Debatte auch unterhaltsam gewesen? Welche Elemente haben zur Unterhaltung beigetragen?
- In welchen Situationen hätte das Gespräch anders verlaufen sollen?
- Welche Aspekte sind zu lange (oder ohne Gewinn) debattiert worden?
- Welche Aspekte haben in der Debatte gefehlt?

Sachwissen
- Welche Informationen sind für die Debatte besonders ergiebig gewesen?
- Welche Informationen sind durch genaue Belege nachgewiesen worden?
- Welche Informationen sind durch Beispiele oder Erläuterungen veranschaulicht worden?
- Welche Informationen haben nicht zur Klärung der Streitfrage beigetragen?

Ausdruck
- Welcher Debattant hat sich sprachlich besonders verständlich ausgedrückt?
- Welcher Debattant hat sich sprachlich besonders wirkungsvoll ausgedrückt?
- Bei wem haben Mimik und Gestik besonders wirkungsvoll die Aussagen unterstrichen?
- Wer sollte/könnte seine Körpersprache noch verbessern?

Gesprächsfähigkeit
- Wer hat das Gespräch durch konstruktive Beiträge vorangebracht?
- Wer ist intensiv auf andere eingegangen?
- Wer hätte sich stärker in das Gespräch einbringen sollen?
- Wer hat sich zu dominant (oder sogar unfair) verhalten?

Überzeugungskraft
- Welches Argument oder welches Beispiel hat besonders überzeugt?
- Ist im Verlauf der Debatte mentaler Widerstand zu beobachten gewesen?
- Welche Argumente haben den Meinungswechsel maßgeblich bewirkt?
- Welcher Debattant hat weniger durch seine Argumentation als durch seine persönliche Glaubwürdigkeit oder seine Ausdrucksfähigkeit überzeugt?

In großen Klassen empfiehlt es sich, die Beobachtungsaufträge zur Gesamtdebatte doppelt zu besetzen.

4.10 Weitere methodische Anregungen

Exemplarisch wurden einige Methoden ausführlicher dargestellt. Weitere Methoden sind hier nur in Erinnerung gerufen oder angedeutet, da sie entweder bereits veröffentlicht[14] sind oder sich – angelehnt an die oben vorgestellte Methodik – leicht aus der konkreten Unterrichtssituation heraus entwickeln lassen.

- Partner-Interview mit gegenseitiger Vorstellung/Selbstvorstellung (für Fortgeschrittene)
- Berichten, Schildern, Erzählen (auch Urlaubserlebnisse, Nacherzählungen und Witze) grundsätzlich als rhetorische Übung (mit Schwerpunkt auf die Umwandlung von Stichworten in den entsprechenden Redetext)
- Logicals, Lügentexte, Verrätselungen als Wettspiel, Rate-Spiele zu Sprache und/oder Literatur (z. B. zu Sagen), alle Formen von Erzählspielen (besonders bei Berthold 1993 und 2000)
- Rede-Spiele: „Tabu", „Activity", Scharaden (als Silben- oder Wörterrätsel, weniger als pantomimische Übung)
- Buchvorstellung[15], Lesewettbewerb, Gedichtvortrag (evtl. mit „Rahmen")
- Kurzreferate oder -informationen zu fachspezifischen Themen
- 2-Minuten-Referate zu den „100 Wörtern des 20. Jahrhunderts" oder zu Reizwörtern
- Mediales Sprechen (Klassenkassette, Klassenvideo, ppt-Präsentation, Werbespot)
- Stegreifreden zum Einüben einfacher Strukturen (z. B. Ist – Soll – Weg, gestern – heute – morgen, Vorteile – Nachteile – Entscheidung, TATAZ-Formel o. Ä.)
- Statements auf der Meta-Ebene: Wie bereite ich mich vor? Wie bewältige ich mein Lampenfieber? Was bedenke ich, wenn ich vor anderen stehe? Worauf achte ich bei Visualisierungen? (Tipps als Erfahrungsaustausch)
- Einzelne Pro-Kontra-Debatten im Zusammenhang mit klasseninternen Entscheidungen (Klassenfest, Schullandheim, Ausflug usw.)
- Pro-Kontra-Debatten zur Vorbereitung auf den Erörterungsaufsatz
- Teilnahme am Bundeswettbewerb von *Jugend debattiert*[16] (ab Klasse 8)
- Diskussionen mit Diskussionsleitung (vgl. Gora 2001, S. 91-94) in der Fishbowl mit Beobachtungsaufträgen für die Klasse (vgl. Kienpointner 1996, besonders S. 26 f.: die Regeln von van Eemeren und Grootendorst, s. KV Seite 121)

---

14 Vgl. insbesondere die Veröffentlichungen von Berthold, von Waldenmaier sowie des Autors, vor allem im Deutschmagazin.

15 Meist nimmt es zu viel Zeit in Anspruch, wenn in großen Klassen alle Schüler eine Buchvorstellung und einen Gedichtvortrag machen. Methodisch bieten sich mehrere „Abkürzungen" an: Bei einer Planung über zwei Schuljahre hinweg, stellt die eine Hälfte der Klasse Bücher vor, die andere trägt Gedichte vor, im zweiten Schuljahr werden die Aufträge getauscht; Buchvorstellungen können in Gruppen erarbeitet und vorgetragen werden, ein gleiches Verfahren lässt sich auch bei längeren Gedichten (Balladen) anwenden.

16 Mit ausgezeichneten gut aufbereiteten Materialien für die teilnehmenden Schulen, vgl. www.jugend-debattiert.de ; ergänzend hierzu auch Gora 2008

- Podiumsdiskussion und Talkshow (mit Beobachtungsaufträgen) (vgl. Gora 2001, S. 87–91)
- Zeichnungsanweisung zu geometrischen Figuren (Spiel zur Sensibilisierung für verständliches Sprechen) (vgl. Berthold 1993)
- Transformationsübungen zur Verständlichkeit (z. B. Erläuterung schwer verständlicher Fachbegriffe aus dem Lexikon in gesprochener Sprache)
- Übung: ein Inhalt – unterschiedliche Präsentationsformen
- Kurzpräsentationen zur Körpersprache (dargestellt oder mit Fotos[17])
- Wettspiel: Argumente finden zu einem vorgegebenen Thema (Pro und Kontra)
- Meinungsreden zu einer aktuellen Streitfrage oder zu einem Ärgernis
- Pro-Kontra-Statements zu aktuellen Fragen[18] (Meth.: wachs. Gruppengröße)
- Präsentation von Ergebnissen einer Gruppenarbeit
- Gestaltung einer Unterrichtsstunde (z. B. im Rahmen einer Unterrichtseinheit „Lyrik")
- Gerichtsspiele: Anklage und Verteidigung zu realen oder literarischen Beispielen (Anklage des Meisters in „Krabat", Verteidigung Wenzel Strapinskys vor Gericht o. Ä.)
- Verschiedene Rede-Anlässe zur (Jugendbuch-)Literatur: Reden und Gegenreden, auch Predigten (z. B. in O. F. Langs „Hungerweg")
- Imitation vorgegebener Reden (Schiller-Dramen, Parlamentsdebatten, Parteitagsreden)
- Analyse von Reden, Gegen-Reden schreiben und vortragen
- Festreden (Schulabschlussrede, Schüler- oder Lehrer-Verabschiedung, Feedback zum Unterricht)
- Prüfungsvorbereitung: Simulation einer mündlichen Prüfung
- Berufsorientierung: Simulation eines Bewerbungsgesprächs (vgl. Gora 2001, S. 98–101), einer Gehaltsverhandlung usw.
- ...

Und nicht zu vergessen:
Hausaufgaben, Protokolle und andere längere Texte: zur systematischen Übung grundsätzlich vom Redepult aus vorlesen lassen, damit das Sprechen vor anderen eine Selbstverständlichkeit wird!

[17] Hierzu beeindruckendes Fotomaterial bei S. Molcho und M. Matschnig; Methode: Auf einem größeren Tisch werden laminierte Fotos im DIN-A4-Format ausgelegt, die Schüler suchen sich Fotos aus, die sie ansprechen; als Struktur wird empfohlen: Was man vermeiden oder tun bzw. beachten sollte; die Schüler zeigen bei der Präsentation die Fotos; verblüffender Nebeneffekt: Im Sprechen über Körpersprache wird bei vielen Schülern – bewusst oder unbewusst – die Körpersprache deutlich ausdrucksstärker.

[18] Bei dieser Übung hat sich das methodische Prinzip der wachsenden Gruppengröße bewährt. Vgl. Gora 2004/05.

5. Die ethische Dimension der Rhetorik

Da Rhetorik Kommunikation zwischen Menschen ist, hat Rhetorik immer eine gesellschaftliche Dimension. Und da gesellschaftliches Zusammenleben nicht ohne die Anerkennung von Werten und Normen geregelt werden kann, hat sie immer auch eine ethische Dimension. Dies in einem doppelten Sinne:

Rhetorik basiert auf der menschlichen Freiheit und damit auf der Freiheit eines jeden Menschen, anders zu sein, anders zu denken und anders zu handeln als die Mitmenschen. Zu ihrer Entfaltung benötigt die Rhetorik Meinungs- und Redefreiheit. Will sie zu einem fairen Interessenausgleich zwischen den Menschen beitragen, muss auch die Gegenseite gehört[1] werden; es dürfen also nicht nur die Handelnden sprechen, vielmehr müssen auch die Betroffenen zu Wort kommen, zumindest müssen deren Interessen berücksichtigt werden. Die Freiheit der Rede wird ergänzt durch das Recht auf Gegenrede. Daher beschäftigt sich praktische Rhetorik in diesem Band nicht nur mit Rede-, sondern auch mit Gesprächstechniken.

Gute Rhetorik ist ethischen Prinzipien verpflichtet. Sie darf durchaus Persuasionsrhetorik sein, sie trägt aber auch Verantwortung für das Gesagte und für die Wirkung auf das Auditorium. Der Zuhörer ist nicht nur das Objekt irgendeiner Überredungsstrategie. In einem Kommunikationsprozess, der auf Wechselseitigkeit angelegt ist, muss der Zuhörer vielmehr denk- und handlungsfähiges Subjekt bleiben. Kurz gesagt: Die ethische Ergänzung zur Freiheit des Redners ist dessen Verantwortung für den Zuhörer. In diesem Sinne könnte formuliert werden:

Freiheit und Verantwortung der Rhetorik

Nutze deine Redefreiheit: Trage dein Anliegen vor und begründe es. Aber trage auch Verantwortung für das Gesagte, indem du die Rechte und Interessen deiner Zuhörer respektierst: Akzeptiere deren Freiheit, sich anders zu entscheiden und deinem Anliegen nicht zu folgen.

Eine bewährte Methode, mit den Schülern über die ethische Dimension der Rhetorik nachzudenken, ist die Besprechung der folgenden Karikatur (erstmals in Gora 1992):

[1] vgl. Audiatur[L] et altera pars

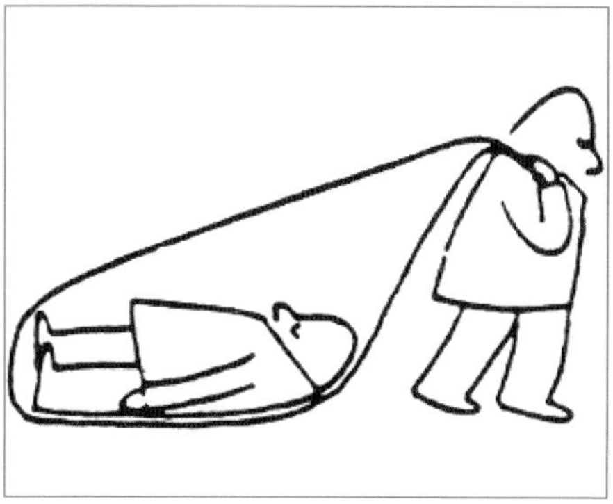

Leitfragen zur Problemerschließung könnten sein:

- Warum gelingt dem rechten Redner, was dem linken Redner offensichtlich nicht gelingt?
- Worin besteht der Unterschied zwischen „überreden" und „überzeugen"?
- Was ist Manipulation? Wie kann man sich gegen Manipulation wehren?
- Ist es ethisch legitim, den Mitmenschen durch Gesprächstechniken zu überreden?
- Was darf der Mensch mit den Mitteln der Sprache, was darf er nicht?

Im Unterrichtsgespräch könnte als Variante der *Goldenen Regel*[L] die folgende Formulierung festgehalten werden:

Goldene Regel der Gesprächsrhetorik
Sei fair! Behandle deinen Gesprächspartner so, wie du selbst von deinem Gesprächspartner behandelt werden möchtest. Argumentiere so, dass dein Partner dir folgen kann. Versuche ihn von deinem Anliegen zu überzeugen ohne ihn zu überreden. Suche nach einer Übereinkunft, die beiden Seiten gerecht wird.

In einer praktischen Rhetorik für die Schule wäre es allerdings ungünstig, die Verantwortung für den Zuhörer und das Recht auf Gegenrede als eine lästige Einschränkung für den Redner darzustellen. Pädagogisch fruchtbarer ist es, die ethische Dimension der Rhetorik als eine Bereicherung für den Redner darzustellen: als einen Zugewinn an Glaubwürdigkeit! An dieser Stelle bietet es sich in oberen bzw. leistungsstarken Klassen an, den Begriff „Ethos“[L] einzuführen.

Ethos ist nach Aristoteles noch vor Logos[L] und Pathos[L] das erste der drei Überzeugungsmittel und eng mit dem Begriff der Glaubwürdigkeit[2] verbunden. Der Begriff lässt sich von der Person des Redners nicht lösen. Während der Rede selbst gehören dazu nicht nur sein integeres Auftreten und das Wohlwollen, das er seinen Zuhörern wie der Sache selbst entgegenbringt, sondern auch seine Kompetenz, die Vernünftigkeit seiner Argumentation, die Redlichkeit und Ernsthaftigkeit seines Anliegens sowie die moralischen Überzeugungen, die durch seine Rede zum Ausdruck gebracht werden.

Während es aber nach griechischer Auffassung[3] vor allem darauf ankam, dass der Redner vertrauenswürdig „wirkte“, war die römische Auffassung strenger: Ethos bezog sich nicht nur auf das Auftreten während der Rede, sondern insgesamt auf seinen vorbildlichen Lebenswandel und den damit verbundenen guten Ruf, also die Redlichkeit und Festigkeit seines Charakters, seine moralische Autorität, sein menschliches und faires Verhalten auch außerhalb der Rede. Das Ethos des Redners ist somit eine notwendige Voraussetzung, um das Publikum für sich zu gewinnen und von seinem Anliegen zu überzeugen. Nach dem (hohen!) Redner-Ideal Ciceros kann nur der gute Mensch ein wirkungsvoller Redner sein, denn Ethos ist die Grundvoraussetzung für das Vir-bonus-Ideal[L].

Diese (ethische) Dimension der Rhetorik bietet Schülern der Oberstufe einen Orientierungspunkt, der Denkanstöße gibt und zur Auseinandersetzung einlädt. Auf Unter- und Mittelstufe genügt es allerdings, den Begriff der Glaubwürdigkeit, der den Schülern als Alltagserfahrung vertraut ist, zu thematisieren. Methodisch bietet es sich an, arbeitsteilig in Arbeitsgruppen erarbeiten und die Ergebnisse anschließend zu folgenden Fragestellungen präsentieren zu lassen:

1. Was ist Glaubwürdigkeit?
2. Wie muss ein Redner auftreten, um für seine Zuhörer glaubwürdig zu sein?
3. Warum ist Glaubwürdigkeit wichtig – für den Redner, den Zuhörer und die Sache?
4. Was macht einen Redner unglaubwürdig?

---

2 Aristoteles nennt in seiner Rhetorik (1989, II,1 1378a) „drei Ursachen“ dafür, dass der Redner selbst glaubwürdig (pístós) ist: Einsicht (phrónēsis), Tugend (aretḗ) und Wohlwollen (eúnoia).

3 Im Gegensatz zur idealistischen Auffassung der Römer wirkt die griechische Rhetorik auf uns heute etwas realistischer: Aristoteles war sich wohl bewusst, dass geschickte Redner Ethos verkörpern können, ohne wirklich „gute Menschen“ zu sein.

5.1 Praktische Rhetorik zwischen Ideal und Wirklichkeit

Die weit verbreitete[4] Definition von Walter Jens verweist auf ein idealisiertes Verständnis von Rhetorik: „Die Rhetorik (...) ist nach antiker Definition die Kunst des guten Redens (und Schreibens) im Sinne einer von Moralität zeugenden, ästhetisch anspruchsvollen, situationsbezogenen und auf Wirkung bedachten Äußerung, die allgemeines Interesse beanspruchen kann. (...)" Mit dieser Definition orientiert er sich an Cicero und vor allem an Quintilian, der den Redner als einen „guten Menschen, der in der Redekunst erfahren ist"[5] definierte. Auch Quintilian meinte mit „gut" nicht nur, dass der Redner nach bestem Wissen und Gewissen um das Gemeinwohl besorgt sein muss. Um „gut" zu sein, muss ein Redner außerdem noch genügend staatsmännische Erfahrung und philosophische Weisheit besitzen, um das Rechte zu erkennen. Dieses hohe Ideal wäre im Rahmen einer praktischen Rhetorik für Schüler wenig ermutigend. Denn welcher Schüler verfügt schon über ausreichende staatsmännische Erfahrung und philosophische Weisheit? Außerdem ist zu bedenken: Weder die Glaubwürdigkeit des Redners noch die Wahrheit einer Argumentation bietet in der Praxis die Garantie dafür, dass das Gesagte für den Zuhörer plausibel und glaubwürdig ist. Wer Recht hat, bekommt nicht automatisch auch Recht! Die Erfahrung zeigt, dass man mit Situationen rechnen muss, in denen sogar die Unwahrheit[6] für glaubwürdig und plausibel gehalten wird.

Umgekehrt spielt der Missbrauch rhetorischer Techniken in Geschichte und Politik, aber auch im Alltag eine nicht zu unterschätzende Rolle. Schüler leben mit der Erfahrung, dass man mit „faulen Tricks" durchaus etwas erreichen kann. Schlagfertigkeit[L] gilt weitgehend als eine begehrenswerte Eigenschaft. Eine an der Praxis orientierte Rhetorik muss davon ausgehen, dass allen ethischen Forderungen zum Trotz in der Wirklichkeit leider nicht immer redlich argumentiert wird. Dies muss bei jeder Argumentation kritisch und selbstkritisch in Betracht gezogen werden. Da es Menschen gibt, die weniger an der Wahrheit als an der Durchsetzung ihrer Ziele interessiert sind, muss man damit rechnen, dass der Gegner Recht behalten will und daher – bewusst oder unbewusst – unredlich argumentiert. Irrtum und Wahrheit, Recht und Unrecht sind in den meisten Fällen abhängig von der konkreten Situation und von den beteiligten Personen. Erst wenn alle Beteiligten und Betroffenen zu Wort kommen, kann in der Diskussion versucht werden, der Wahrheit möglichst nahe zu kommen.

Praktische Rhetorik steht also vor einer doppelten Herausforderung: einerseits ethische Orientierung zu bieten, ohne mit idealistischer Strenge abzuschrecken, sich

4 In: Reallexikon der deutschen Literaturgeschichte. Band III. De Gruyter, Berlin 1977, S. 432

5 vir bonus dicendi experitus

6 In hierarchischen Kommunikationssituationen etwa muss mitunter akzeptiert werden, was weder plausibel noch glaubwürdig ist.

andererseits auch kritisch mit dem Missbrauch von Rhetorik[7] auseinanderzusetzen, ohne gleichzeitig zur Anwendung fauler Tricks zu verführen.

Die Gefahr des Missbrauchs wird im Übrigen nicht erhöht, wenn man sich mit unredlichen Argumentationsweisen beschäftigt. Wichtig ist ja, dass möglichst viele Menschen diese Tricks kennen, um den Manipulateuren auf die Finger zu schauen – und couragiert einzuschreiten. Je mehr Menschen „faule Tricks" kennen, um so schwieriger wird es für Einzelne, diese anzuwenden. Methodisch hat dies zur Folge, dass nicht das Anwenden, sondern das Entlarven fauler Tricks geübt wird.

Im Hinblick auf das Rhetorikverständnis bleibt festzuhalten: Manipulation durch Reden ist weder Erfindung noch Sinn der Rhetorik. Als Wissenschaft hat sie Manipulationstechniken gesammelt, analysiert und systematisiert. Rhetorik kann zwar dazu missbraucht werden, faule Tricks anzuwenden; sie gibt aber auch konkrete Hilfestellungen, um sich besser dagegen zu wehren.

5.2 Eristik: Grenzziehungen – Benennungen – Entlarvungsstrategien

Eris – in der griechischen Mythologie die Göttin der Zwietracht – hat der Eristik den Namen gegeben: Gemeint ist die Technik des Redestreits, die das Ziel hat, auf jeden Fall Recht zu behalten – ob berechtigt oder unberechtigt.

Der Philosoph *Arthur Schopenhauer* (1788–1860) unternimmt in seiner „Eristischen Dialektik" den Versuch zu erklären, warum Menschen in Diskussionen mitunter mit allen – auch unredlichen – Mitteln Recht behalten wollen. Einen ersten Grund sieht er in der Geschwätzigkeit der Menschen, die häufig reden, bevor sie eine Sache recht bedacht haben. Wer nun durch Unbedachtsamkeit Falsches geäußert hat, mag seine Fehler im Nachhinein nur ungern zugeben. Denn – dies ist nach Schopenhauer der zweite Grund – ihre angeborene Eitelkeit hindert die Menschen daran, und deshalb wollen sie eben mit allen Mitteln Recht behalten, notfalls mithilfe sogenannter „Kunstgriffe". Hinzu kommt ein Drittes: die Annahme oder die Erfahrung, dass der Gesprächspartner auch nicht anders handeln würde. Und schließlich beruhigt der unredliche Sprecher sein Gewissen damit, dass er eigentlich schon Recht hätte, nur wäre ihm das rettende Argument im Augenblick nicht eingefallen!

Selbst wenn zu hoffen ist, dass Schopenhauers pessimistisches Menschenbild nicht auf alle Menschen zutrifft, weiß niemand beim Argumentieren sicher, ob sein Gesprächspartner nicht ein solcher Rechthaber ist und sich daher möglicherweise zu Kunstgriffen flüchtet, wie sie Schopenhauer[8] beispielsweise zusammengestellt hat:

---

[7] Einschränkend sei unter didaktischem Aspekt allerdings angemerkt, dass die Beschäftigung mit faulen Tricks nur dann sinnvoll ist, wenn zuvor ausreichend Zeit und Raum gewesen ist für den redlichen Gebrauch der Rhetorik. Ein Einstieg in die Rhetorik über die Gefahren des Missbrauchs wäre nach Überzeugung des Verfassers der Sache nicht dienlich.

[8] Vgl. Schopenhauer (1864). Ähnlich „schäbige" Argumente hat auch der englische Parlamentarier W. G Hamilton (1991) aus unmittelbarer praktischer Anschauung als Abgeordneter und Minister systematisch gesammelt.

- „Wenn man merkt, dass der Gegner überlegen ist und man Unrecht behalten wird, so werde man persönlich, beleidigend, grob." Oder:
- „Bei einer Behauptung des Gegners müssen wir suchen, ob sie nicht irgendwie, nötigenfalls auch nur scheinbar, im Widerspruch steht mit irgendetwas, das er früher gesagt oder zugegeben hat (...) oder mit seinem eigenen Tun oder Lassen."

Leider sind die meisten Formulierungen Schopenhauers für Schüler jedoch zu sperrig, sodass bei der folgenden Übung besser auf vereinfachte Formulierungen zurückgegriffen wird. Für den interessierten Lehrer sei die Lektüre von Schopenhauer (und – in der deutschen Übersetzung – Hamilton) jedoch durchaus empfohlen.

Bei der Übung zur Eristik sollen die Schüler sensibilisiert werden für den Unterschied zwischen redlichen, fragwürdigen und eindeutig unredlichen Argumentationsweisen. Auf der KV Seite 145 sind Argumentationsweisen in Form von Ratschlägen in fallender Reihenfolge (vom Positiven zum Negativen) geordnet. Verwendet der Lehrer diese Liste unverändert, so besteht die Aufgabe für die Schüler darin, in Gruppenarbeit die einzelnen Ratschläge zu diskutieren und anschließend die entsprechenden Grenzziehungen vorzunehmen, also redliche von fragwürdigen und diese von unredlichen abzugrenzen.

Methodisch reizvoller, aber auch aufwändiger ist es, die Sätze auszuschneiden, zu mischen und dann in Gruppenarbeit zuordnen zu lassen. Ein Kompromiss wäre, die Sätze als Folienschnipsel auf dem Tageslichtprojektor zu präsentieren, gemeinsam zu diskutieren und dann in ein dreispaltiges Tafelbild zu integrieren.

Redliche Argumentation	**Fragwürdige Argumentation**	**Unredliche Argumentation**

Bei dieser Übung geht es nicht um die genaue Grenzziehung. Viel wichtiger ist es, dass die Schüler durch den Entscheidungszwang angeregt werden, die einzelnen Taktiken abzuwägen und auf ihre Redlichkeit hin zu überprüfen. Der Autor hat im Unterricht immer wieder erlebt, dass Schüler ein feines Gespür für faule Tricks haben, sodass man die Urteilsbildung weitgehend der Klasse überlassen kann.

Im Anschluss an diese Übung sollten häufig vorkommende faule Tricks benannt und an der Tafel (oder besser: dauerhaft auf Lernplakaten) fixiert werden:

Ungenaue, scheinlogische oder falsche Tatsachen-Behauptungen
Unterstellungen (meist einer bösen Absicht)
Diskriminierung des Gegners / Absprechen von Kompetenz
Ablenkung vom Thema, Ausweichmanöver
Hinhaltetechnik (auf Zeit spielen)
Beschwichtigungstechnik („ist doch nicht schlimm")
Vereinnahmungstaktik (z. B. durch falsches Lob und Dank)
Verschleierung der Gegensätze bzw. der eigenen Motive und Ziele
Fangfrage oder Effekthascherei
Versteckte oder offene Drohung bzw. Einschüchterung
Heuchelei und Doppelmoral
Unzulässige Begriffsbesetzung („Verschlankung" statt Entlassung)
Situative Taktik (Gesprächspartner ignorieren oder verunsichern)

Ergänzt wird dies durch ein fünfgliedriges Schema zur Reaktion auf „faule Tricks":

Deine Bemerkung kann ich so nicht stehen lassen.
Du hast gerade (sinngemäß) gesagt/behauptet: ...
Das ist/das empfinde ich als ... (genaue Benennung!)
Bitte unterlasse in Zukunft solche faulen Tricks!
Ich komme zur Sache zurück ...

Zum Training lässt der Lehrer die Schüler besonders unfaire Äußerungen zu einem festgelegten Thema erfinden und auf Kärtchen aufschreiben. Diese Kärtchen werden gemischt und wieder neu verteilt: Nun konfrontieren sich die Sitznachbarn gegenseitig mit faulen Tricks, der Angesprochene muss dies nach dem fünfgliedrigen Schema entlarven und zurückweisen. Die Karten können zum vertieften Training mehrfach weitergegeben werden. Am Schluss sollten diejenigen Äußerungen, die nur schwer zu entlarven bzw. zurückzuweisen waren, gemeinsam besprochen werden.

5.3 Zwei Politiker-Reden zur Analyse und zur Diskussion

Sehr geeignet zur Schlussdiskussion über die ethische Dimension der Rhetorik sind die beiden Reden von Roman Herzog (für die Oberstufe und für leistungsstarke Gruppen, s. KV Seite 140 f.) und Rita Süssmuth (für die Mittelstufe; s. KV Seite 142). Sie könnten von je einem Schüler vorbereitet und vor der Klasse vorgetragen werden (Rede-Imitation) und sollten dann anhand der Leitfragen intensiver besprochen werden.

Ex-Bundespräsident Roman Herzog: Rhetorik in der Demokratie (1997)

(...) Die Rhetorik ist die älteste Kommunikationswissenschaft der Welt. (...) Freiheit und Demokratie brauchen die freie Rede und damit die Beredsamkeit wie die Luft zum Atmen. Wo keine selbstverständlichen Gewissheiten vorliegen, wo also Entscheidungen zu treffen sind, die der Zustimmung bedürfen, wo nicht Macht allein entscheidet oder formale Logik Schlüsse erzwingt, da ist der Ort der Rhetorik. Wenn das stimmt, dann ist der vornehmste Ort der Rhetorik tatsächlich die Demokratie.

(...) Auf die Rede sind – wie könnte es anders sein – auch Regierung und Opposition angewiesen; wie sollten sie sonst die Wähler von der Richtigkeit ihrer politischen Position überzeugen? Die Eigenart der politischen Auseinandersetzung bringt es aber fast unausweichlich mit sich, dass sie sich dabei auf solche Fragen konzentrieren, die im jeweiligen Augenblick zwischen ihnen umstritten sind und die infolgedessen auch gerade „aktuell" sind. Andere interessieren in der Regel auch die Medien nicht. Der Bürger zieht daraus meist den Schluss, „die da oben" seien „immer nur zerstritten" und sie sähen außerdem über den Tellerrand der nächsten Wahl nicht hinaus. (...)

Wir sind von Rhetorik umgeben, im politischen Leben, in der Werbung, aber auch im privatesten Bereich, und sei es nur, dass es darum geht, wohin man mit dem Partner in Urlaub fahren soll. Obwohl Beredsamkeit also allgegenwärtig und überall notwendig ist, wo es um offene Fragen geht, misstrauen wir ihr. (...) Die Rhetorik sah sich von allem Anfang an Misstrauen und Feindschaft ausgesetzt. Schon in ihrer ersten Blütezeit, in Athen, formulierte Sokrates, der Gegner der Sophisten, also der Profi-Redekünstler, den bis heute konstant wiederholten Verdacht, dass die Redekünstler im tiefsten unmoralisch handelten, weil sie durch angelernte Techniken „die schwächere Sache zur stärkeren" machten und somit der Lüge und Täuschung schuldig seien. Schon ganz zu Beginn wird also der schwerwiegendste Verdacht gegen rhetorische Technik überhaupt ausgesprochen: Wer sich in öffentlichen oder auch privaten Äußerungen rhetorischer Künste bedient, steht bald im Ruf, unwahrhaftig zu sein, das heißt nicht der schlichten Wahrheit die Ehre zu geben. (...) Es ist richtig, dass sich eine Ethik der Beredsamkeit immer mit (dem) Missbrauch der Redekunst auseinandersetzen muss. Alle diejenigen aber, die daraus ein grundsätzliches Misstrauen gegen jede Rhetorik herleiten, seien daran erinnert, dass es auch öffentliche Reden waren, die den einzigen messbaren Erfolg des inneren Widerstandes in Deutschland bewirkten. (...) Wie alle menschlichen Künste, so ist also auch die Rhetorik sowohl zur Unterdrückung als auch zum Widerstand geeignet. Manchmal genügt eine einzige gelungene Sentenz, um ein ganzes Propagandageflecht der Lüge zu überführen, wie es 1989 die von Leipzig ausgehende Parole „Wir sind das Volk" getan hat. Auch das war, wenn auch in minimalistischer Verkürzung, politische Rhetorik. (...)

Das erste Gesetz des Fernsehens heißt: kurz und schnell. So wird zum Beispiel in der Berichterstattung aus einer halbstündigen Rede ein Ausschnitt von einer halben Minute gezeigt. Während seriöser Journalismus versucht, einen Satz zu finden, der in etwa die Hauptthese der Rede zusammenfasst, wird das Infotainment geneigt sein, möglichst die Stelle zu finden, an der der Redner den politischen Gegner besonders polemisch abfertigt oder auf andere Weise für Aufregung sorgt. In der Kürze liegt aber nicht immer die Würze. In der Eile geht verloren, was für die Beredsamkeit in der Demokratie das Wichtigste ist: das ausführliche, verständliche Argument und die Transparenz einer politischen Position. Die Verführung zur mediengemäßen Rhetorik lässt nicht nur die Sprache arm und platt werden. Sie verändert die gesellschaftliche Kommunikation insgesamt, indem

→

sie zum Kurzmonolog verleitet und so zur Verhärtung von „einsilbigen" Positionen. Da die Menschen aber sehr genau wissen oder zumindest spüren, wie unübersichtlich und komplex die Fragen der Gegenwart sind, wird solche politische Rhetorik immer weniger glaubwürdig.

Damit sind wir aber endgültig beim springenden Punkt: Glaubwürdigkeit ist das wichtigste Kapital des Redners überhaupt. (...) Hier nur so viel: Glaubwürdigkeit entsteht durch Wahrhaftigkeit, durch Übereinstimmung von Wort und Tat und durch Sachkompetenz. Nun kann man all das vortäuschen oder bis zu einem gewissen Grad auch ersetzen. Statt eigenen Charakter zu entwickeln, kann man sich ein »Image« erarbeiten lassen. Wahrhaftigkeit lässt sich zur Not vorschwindeln und Kompetenz kann man durch Beherrschung von Jargon und angelernten Floskeln suggerieren.

All diese – keineswegs neuen – Tricks werden aber inzwischen vom Bürger weithin durchschaut. Wer als politischer Redner dennoch tut, als gebe es einfache Lösungen, als gebe es nur *eine* vernünftige Position in einer bestimmten Frage oder als wären die Versprechen von gestern heute vergessen, der verspielt nicht nur seine eigene Glaubwürdigkeit. Da die Bürger die „politische Klasse" – ich gebrauche den Begriff ohne jede Wertung – in gewisser Weise mit dem Staat identifizieren, schadet der Mangel an Glaubwürdigkeit politischer Rhetorik dem demokratischen Gemeinwesen insgesamt. Subjektive Wahrhaftigkeit ist daher die erste und wesentliche Grundforderung der politischen Rhetorik in der Demokratie.

Ich verlange damit nicht den Verzicht auf Witz und Übertreibung, auf polemische Zuspitzung und Schärfe, auf Ironie oder gelegentlichen Sarkasmus. All das schützt uns vor Langeweile, einer oft unterschätzten Feindin der Beredsamkeit. Ich bin aber fest davon überzeugt, dass eine Demokratie ohne Wahrhaftigkeit und Glaubwürdigkeit der in ihr Redenden ihre eigenen Fundamente verliert. Ich bin ebenso davon überzeugt, dass der durch Wahrhaftigkeit glaubwürdige Redner auf die Dauer der erfolgreichere ist.

Es ist Ihnen, wie ich hoffe, schon deutlich geworden, dass ich in meinem Begriff von Rhetorik und Beredsamkeit nicht in erster Linie die monologische Rede vor Augen habe, sondern den Dialog in Rede und Gegenrede. Er ist die einzig angemessene Antwort auf die unübersichtlichen und unentschiedenen Fragen der Zeit. Der Dialog ist das Gegenteil des „Machtwortes", erst recht das Gegenteil des bewaffneten Kampfes, er ist der friedliche Wettstreit der Überzeugungen. Dieser Dialog braucht nicht nur Menschen, die von ihrer Sache für sich selbst überzeugt sind, sondern solche, die eine überzeugende und zustimmungsfähige Sprache sprechen und an die friedensstiftende Macht des Wortes glauben.

Klarheit und Wahrheit auf allen Seiten! Und dann lasst uns streiten. Aber *nur so!*

(mit freundlicher Genehmigung vom Büro Bundespräsident a. D. Prof. Dr. Roman Herzog)

Anregungen:

- Welche Vorstellung von Rhetorik entwickelt Roman Herzog? Fasse die Leitthesen zusammen!
- Was ist der Ort der Rhetorik?
- Welcher Vorwurf wurde gegen die Rhetorik erhoben? Wie lässt sich dieser widerlegen?
- Wie wird politische Rhetorik in den Medien dargestellt?
- Wie definiert Herzog Glaubwürdigkeit (in Abgrenzung von Image)?
- Welche Bedeutung misst Herzog dem dialogischen Sprechen bei?

Anmerkung:

Der von R. Herzog verwendete Begriff „monologische Rede" ist missverständlich und besser durch Einzelrede zu ersetzen.

Ex-Bundestagspräsidentin Rita Süssmuth: Rhetorik im parlamentarischen Streit (1989)

[...] Von den Menschen, die wir vertreten, werden wir zuallererst nach dem Bild beurteilt, das sie sich von der Arbeit des Plenums machen. Das gilt auch für den parlamentarischen Umgang miteinander. Heftiger Streit im Parlament ist um der Sache willen unverzichtbar. Es muss ein Streit in der Sache bleiben, ohne Verletzung der Person. Streit gehört zur parlamentarischen Debatte, gibt ihr Profil. Nichts schadet der Demokratie mehr als Profillosigkeit. Ist von unserem persönlichen Profil als Abgeordnete die Rede, so ist gemeint, dass erkennbar werden muss, wofür jeder von uns steht und für welche Überzeugungen er eintritt. Diese Anforderungen an uns selbst stehen nicht im Widerspruch zu der oft zitierten Normalität und den Zwängen der parlamentarischen Alltagsarbeit.

Die Mittel unserer politischen Auseinandersetzung bestehen aus Wort und Sprache. Wir lehnen mit unserer tiefsten Überzeugung ab, uns selbst in Situationen ohnmächtiger Zerstrittenheit der Gewalt als Lösungsmittel zu bedienen. [...]

Da wir uns also der Sprache und Argumentation so grundsätzlich anvertrauen, entsteht dem Parlament hieraus auch eine ungewöhnliche Verantwortung. Das Parlament – „parlare“ heißt reden; insofern sind Parlamente „Redehäuser“ – ist der Ort der politischen Rede. Es ist der Ort, an dem sich Politik auf öffentliches Sprechen konzentriert und zum politischen Handeln führt. Was und wie hier gesprochen wird, hat weit mehr Bedeutung, als es dem einzelnen Argument, der einzelnen sprachlichen Wendung für den Tageszweck anzusehen ist. Worte können trennen und verbinden, vergiften und heilen. Gewiss hat die politische Rede den Charakter des Streitgesprächs. Beide Elemente sind gleich wichtig: das Gespräch und der Streit. Das geht nur, wo keiner Macht über den anderen hat, wo Gleichberechtigte miteinander reden.

Die freie Rede ist das ursprünglichste Recht des freien Menschen. Aus ihr resultiert die besondere Pflege der politischen Sprache. [...] Nicht durch die Macht unserer Person, sondern durch die Macht unserer Argumente überzeugen wir, haben wir zu überzeugen.

Zur Glaubwürdigkeit der parlamentarischen Arbeit gehört unbedingt, dass wir Abgeordnete den Mut aufbringen, unsere Unvollkommenheit einzugestehen, dass wir aufhören, so zu tun, als hätten wir auf jede Frage, auf jedes Problem nicht nur die Antwort, sondern sogar die allein mögliche Lösung. Bringen wir diesen Tatbestand häufiger zur Sprache: Unser Handeln ist weder perfekt noch endgültig. [...]

(Mit freundlicher Genehmigung des Büros Prof. Dr. Rita Süssmuth)

Anregungen:
- Was versteht Rita Süssmuth unter „Streit“?
- Welche Verantwortung kommt den Politikern zu?
- Was können Worte bewirken?

5.4 Tugenden im Bereich der Rhetorik?

Was vom idealen Redner als natürliche Voraussetzung oder als rhetorische Kompetenz erwartet wird, soll nur stichwortartig in Erinnerung gerufen werden:

- eine gefällige Erscheinung, eine angenehme und variationsfähige Stimme, eine authentische Körpersprache, die Freundlichkeit und Wohlwollen signalisiert;
- eine sorgfältige und gewissenhafte Vorbereitung; die Fähigkeit, Fakten und Argumente sinnvoll anzuordnen; verständlich und wirkungsvoll (vor allem: abwechslungsreich und unterhaltsam!) zu formulieren; ein Gedächtnis, das es ihm ermöglicht, möglichst frei zu sprechen und dadurch Blickkontakt zu halten;
- ein sicheres Auftreten, das signalisiert, dass der Redner etwas zu sagen hat und dass er sich seiner Sache gewiss ist. Aus dieser Gewissheit resultiert seine engagierte Grundhaltung.

Selbst wenn das antike Vir-bonus-Ideal[L] im Rahmen einer praktischen Rhetorik bei Schülern kaum vorausgesetzt werden kann, so bieten fünf Tugenden doch eine sinnvolle und notwendige Orientierung:

- *Wahrhaftigkeit und Glaubwürdigkeit:* Menschen sind nicht immer im Besitz von Wahrheit, sie können und dürfen sich irren; vom Redner muss aber erwartet werden, dass er das Gesagte wirklich so meint, wie er es sagt, dass er subjektiv davon überzeugt ist, dass das Gesagte der Wahrheit entspricht. Er bemüht sich, die Dinge möglichst so darzustellen, wie sie in Wirklichkeit sind. Geht diese Wahrhaftigkeit verloren, verliert der Redner zwangsläufig an Glaubwürdigkeit.
- *Mut zur Kontroverse:* Konfliktscheu und Gleichgültigkeit sind schlechte Voraussetzungen für einen guten Redner. Daher ist der Mut zum kontroversen Sprechen eine notwendige Voraussetzung – selbst wenn die Mehrheit der Zuhörer gegenteiliger Meinung ist. In bestimmten Situationen wird vom mutigen Redner das richtige Wort zum rechten Zeitpunkt (kairos)[L] erwartet oder (etwa bei der Verteidigung eines Schwächeren) Zivilcourage.
- *Gerechtigkeit und Fairness:* Über viele Dinge lässt sich kontrovers sprechen; widerspricht das Anliegen eines Redners aber dem Gerechtigkeitsempfinden der Zuhörer oder verhält er sich als Redner unfair, so verliert er bei den Zuhörern rasch an Glaubwürdigkeit.
- *Toleranz:* Die Redefreiheit des Redners ist mit dem Toleranzgebot unmittelbar gekoppelt. Wer von der Gegenseite Toleranz erwartet, muss selbst diese Tugend üben. Dies heißt vor allem: die Interessen des anderen ernst nehmen und dessen Rechte respektieren, allen voran: das der Meinungsfreiheit.
- *Verantwortung und das rechte Maß:* Wer die Freiheit der Rede nutzt, muss auch verantwortungsvoll damit umgehen. Er muss das Prinzip der Angemessenheit beachten und sich in seinem Anliegen gegebenenfalls mäßigen. Er trägt Verantwortung für sein Reden: Er vermeidet es, das eigene Anliegen zu verabsolutieren, und er respektiert die Menschen, die zuhören oder die von seiner Rede betroffen sind. Diese Verantwortung lässt sich auf einen einfachen Begriff bringen: Menschlichkeit!

Der Wille, die Zuhörer vom eigenen Standpunkt zu überzeugen, und der Mut, sich für das eigene Anliegen einzusetzen, stehen dabei in einem konstruktiven Spannungsfeld mit den Tugenden der Wahrhaftigkeit, der Gerechtigkeit, der Toleranz und des Verantwortungsbewusstseins. Überzeugungsrhetorik ist legitim, solange sie sich den Prinzipien der Angemessenheit und der Menschlichkeit verpflichtet fühlt; Überzeugung gelingt aber nur, solange der Redner für den Zuhörer „glaubwürdig" bleibt. Eine praktische Rhetorik für die Schule muss realistischerweise davon ausgehen, dass sich Schüler noch auf dem Weg befinden und selbst bei erfolgreichem Unterrichtsverlauf nicht alle Ziele erreicht werden können. Eine ethische Ziel-Orientierung kann den Missbrauch rhetorischer Techniken nicht verhindern, fördert aber das Bewusstsein, dass Rhetorik nicht als ein Werkzeug für beliebige Zwecke eingesetzt werden darf. Gleichzeitig sensibilisiert die ethische Dimension für unredliche Argumentationsweisen und stellt Gesprächstechniken zur Verfügung, um diese aufzudecken und zurückzuweisen.

Über die Aufgaben und Tugenden des Redners ist in der Antike viel diskutiert und geschrieben worden, Erwartungen an den Zuhörer spielten dabei aber keine Rolle. Sollte eine praktische Rhetorik nicht auch vom Zuhörer „Tugenden" einfordern? Etwa im Sinne der folgenden Skizze: Der ideale Zuhörer hört konzentriert zu und schreibt (bei Sachvorträgen) die wesentlichen Informationen mit. Er ist einerseits offen für neue Informationen und gegenüber anderen Standpunkten. Andererseits denkt er kritisch mit: Bei Unklarheiten fragt er nach und bei Unstimmigkeiten erhebt er Einspruch. Schließlich bildet er sich ein souveränes Urteil: Ist er durch die Argumentation nicht überzeugt, bleibt er bei der eigenen Meinung; ist die Argumentation aber überzeugend, dann ist er bereit, dem Redner zu folgen und aus dem Gesagten die Konsequenzen zu ziehen. Offenheit für die andere Meinung und kritisches Mitdenken bilden im Hinblick auf den idealen Zuhörer eine konstruktive – der Sache dienende – Balance.

Und der Rhetoriktrainer? Was darf von ihm erwartet werden? Auch dieser Aspekt soll kurz skizziert werden. Wer anderen rhetorische Kompetenzen vermitteln möchte, sollte eigene Erfahrungen im öffentlichen Sprechen haben und über die in diesem Band dargelegten theoretischen Kenntnisse (einschließlich der wesentlichen Fachbegriffe) sicher verfügen. Er sollte seine eigene Rhetorik reflektieren und sich selbst infrage stellen, vor allem er selbst mit Feedback konstruktiv umgehen können. Vom Lehrer wird selbstverständlich eine pädagogische Grundhaltung erwartet, die sich mit den Begriffen Wohlwollen, innere Anteilnahme und Streben, den Schüler voranzubringen, am besten umreißen lässt. Dazu gehören die genaue Beobachtung und Analyse: Wo steht der Schüler? Wie könnte er sich verbessern? Daher sind Methodenbewusstsein und Methodenvielfalt fester Bestandteil seines Handwerks: In der Anleitung junger Menschen zum Sprechen sollte er sich selbst immer wieder zurücknehmen und – wie im Methodenteil Kap. 4 vorgeschlagen – schülerzentrierte Arbeitsformen bevorzugen. Last, but not least sollte ihm gerade bei der Vermittlung praktischer Fähigkeiten die ethische Dimension ein wichtiges Anliegen sein (s. KV rechts).

Grenzziehungen

Gegeben ist folgende Situation: Ein von seinem Anliegen überzeugter Redner möchte sich in einer Debatte unbedingt durchsetzen – er geht davon aus, dass er Recht habe und dass daher jedes rhetorische Mittel legitim sei, um auch Recht zu bekommen. Ihr sollt entscheiden: Welche Ratschläge zum taktischen Verhalten in der Debatte sind durchaus legitim (+), welche sind diskussionswürdig (?), welche Ratschläge sind abzulehnen (-)?

- Bedenke genau die zu verwendenden Wörter und ersetze diese gegebenenfalls durch andere Formulierungen, die günstiger für dein eigenes Anliegen sind.
- Prüfe die Argumente für die eigene Sache und verwende nur solche, die keine Angriffsfläche bieten.
- Überlege dir, welche Argumente von der Gegenseite vorgebracht werden könnten und wie du sie widerlegen kannst.
- Argumentiert der andere unfair, so decke es auf und mache es allen Anwesenden publik.
- Stelle dich auf deine Zuhörer ein. Überlege, was ihre Aufmerksamkeit erregt, was sie gerne hören, und spiele auf Dinge an, die sie kennen und die ihnen gefallen.
- Bedenke, welche besonderen Gefühle du bei Gesprächspartnern und Zuhörern erregen kannst.
- Bemühe dich, das Wohlwollen deiner Zuhörer zu gewinnen, nimm sie für dich ein, bevor du zum Thema kommst.
- Lege deine Forderungen dar, begründe und untermauere sie.
- Rücke die Streitfrage in ein für dich günstiges Licht.
- Stelle deine Forderungen so dar, als würden damit die Hoffnungen und Wünsche der Zuhörer befriedigt werden.
- Entkräfte die Einwände der Gegenseite.
- Werte auf, was für dich, und werte ab, was gegen dich spricht.
- Bietet sich eine passende Gelegenheit, zeige, wie alle, die jetzt so reden, unter anderen Verhältnissen ganz anders reden würden. Und schildere, wie sie sich bereits anders verhalten und wie sie bereits anders geredet haben.
- Stelle dich als eine ehrliche, kompetente und soziale Person dar.
- Kannst du in der Sache nicht erfolgreich argumentieren, dann weiche auf Spitzfindigkeiten und Nebenaspekte aus oder beanstande irgendwelche formalen Fehler.
- Hat dich die Gegenseite widerlegt, dann gib das nicht zu, sondern tue so, als hättest du weiterhin Recht.
- Lass die Gegenseite möglichst wenig zu Wort kommen.
- Taugt die Sache nichts, berufe dich auf die Person; taugt die Person nichts, berufe dich auf die Sache.
- Hast du in der Sache verloren, dann greife die Gegenseite persönlich an.
- Verschweige alle Tatsachen, die gegen dich sprechen. Weise sie zurück, wenn sie von der Gegenseite angeführt werden.
- Wenn die Tatsachen nicht für dich sprechen, dann verfälsche sie solange, bis sie für dich sprechen.
- Wenn du die Gegenseite angreifst, dann mache dies so, dass es objektiv und fair wirkt.
- Stachle, um dein Ziel zu erreichen, heftige Gefühle wie Missgunst, Angst und Hass an.

FOLIENVORLAGE

Leitfragen:

- Warum gelingt dem rechten Redner, was dem linken offensichtlich nicht gelingt?
- Worin besteht der Unterschied zwischen „überreden“ und „überzeugen“?
- Was ist Manipulation? Wie kann man sich gegen Manipulation wehren?
- Ist es ethisch legitim, den Mitmenschen durch Gesprächstechniken zu überreden?
- Was darf der Mensch mit den Mitteln der Sprache, was darf er nicht?

Lexikon der rhetorischen Fachbegriffe

Affekte: Gefühle, die durch Argumentation und Sprechweise, aber auch durch Auftreten und Körpersprache des Redners beim Zuhörer erzeugt werden. Nach antiker wie heutiger Auffassung ein legitimes Mittel, um die Zuhörer für sich zu gewinnen oder gegen den Standpunkt der Gegner einzunehmen. Diese Gefühle werden durch eine glaubwürdige, gefällige oder besonders engagierte Redeweise ausgelöst (vgl. Ethos[L], Pathos[L]).

Angemessenheit: zentraler Grundsatz der Rhetorik, der das richtige („stimmige") Verhältnis zwischen Redner, Thema[L] und Zuhörer in der konkreten rhetorischen Situation (Anlass, Ort und Zeit) kennzeichnet (lat.: aptum).

Anti-These: die Gegenthese zu einer These[L]. Zu jeder These ist eine Antithese denkbar; was keine Antithese hat, ist keine These. Zur Verdeutlichung: Dass sich die Erde um die Sonne dreht, war vor 500 Jahren noch eine These, zu der es eine Anti-These gab. Da dies von niemandem mehr ernsthaft bestritten wird, ist diese Aussage heute keine These mehr.

Argument: der Beweis oder der Grund für die Richtigkeit einer These[L]. Als rationale Argumente gelten nachprüfbare Tatsachen, unbestreitbare Erfahrungen und wissenschaftliche Erkenntnisse, aber auch gültige Definitionen. Argumente müssen haltbar und relevant[L] sein. Ein Argument kann so treffend (oder schlagend!) sein, dass es keiner Argumentationsstütze[L] bedarf; wenn es aber nicht unmittelbar einleuchtet, muss es gestützt werden.

Argumentation: in Reden, Diskussionen und Gesprächen der Zusammenhang von These(n)[L], Argument(en)[L] und Argumentationsstütze(n)[L]. Ist die Argumentation schlüssig und für die Zuhörer nachvollziehbar, so können mit ihrer Hilfe neue Einsichten vermittelt und das Publikum von der These des Redners überzeugt werden. Dies wird erreicht, indem in möglichst vielen Argumentationsschritten die Zustimmung der Zuhörer bzw. des Gesprächspartners gewonnen wird.

Argumentationsstütze: ein wirkungsvolles Mittel, um ein Argument[L] zu veranschaulichen oder seinerseits zu begründen. Wenn ein Argument nachhaltiger wirken und sich beim Zuhörer besser einprägen soll, muss es zusätzlich untermauert werden. Dies geschieht etwa durch weitere Daten und Fakten, durch Belege und Verweise, durch Beispiele und Zitate, aber auch durch Erläuterungen, erhellende Umschreibungen oder durch das Aufzeigen von Konsequenzen. Als Faustregel gilt: Je strittiger oder schwieriger das Argument, desto mehr muss es gestützt werden.

Aspekt: der Gesichtspunkt, unter dem ein Thema betrachtet oder ein Problem erörtert wird. Der Aspekt lässt sich auch in Form einer das Thema eingrenzenden Fragestellung ausdrücken. So kann ein Thema beispielsweise unter juristischen, ökonomischen, ökologischen oder medizinischen Aspekten betrachtet werden.

Audiatur-et-altera-pars-Prinzip: gemeinsamer Grundsatz der Rechtsprechung und der Rhetorik, der besagt, dass immer auch die Gegenseite gehört werden möge, bevor ein Urteil oder eine Entscheidung gefällt wird.

Auf- und Abwertung: zwei Grundtendenzen des Argumentierens. In Diskussionen wird in der Regel die eigene Sache auf-, die Sache des Gegners abgewertet. Aufwertung ist solange legitim, wie die Gegenseite das Recht zur Abwertung hat. Im Idealfall liegt die Synthese aus Auf- und Abwertung nahe an der Wahrheit.

→

Authentizität: Echtheit. Neben Freundlichkeit und Wohlwollen dem Zuhörer gegenüber ein wichtiges Persönlichkeitsmerkmal des Redners. Authentizität ist eine Voraussetzung für Glaubwürdigkeit[L].

Botschaft: die zentrale Aussage zum Thema; das Anliegen, das der Redner seinen Zuhörern vermitteln möchte. Dies kann indirekt (stillschweigend) vermittelt oder direkt ausgesprochen werden. In der Botschaft sind die einzelnen Sprechakte und Argumente gebündelt und ausgerichtet auf ein Ziel: die Zustimmung des Zuhörers.

Debatte: neben Diskussion und Verhandlung die wichtigste Form der Gesprächsrhetorik. Zu einer Entscheidungsfrage wird Pro (dafür) und Kontra (dagegen) debattiert mit dem Ziel, zu einer Entscheidung zu gelangen. Im Gegensatz zur Diskussion geht es darum, ob eine Forderung erfüllt bzw. umgesetzt werden soll; in der Parlamentsdebatte wird erörtert, ob ein Gesetz beschlossen oder abgelehnt wird. Ein weitverbreitetes Debattenformat für die Schule ist das Format von *Jugend debattiert*.

Deduktive Argumentation: Bei dieser Argumentationsfolge wird zunächst die These aufgestellt, dann begründet und schließlich argumentativ abgestützt (Bsp.: *Ich fordere ..., weil ... Das zeigt sich daran / hat den Vorteil, dass ...*).

Demagogie: Volksverführung, politische Hetze. Wer andere durch leidenschaftliche Reden, aber mit unredlicher Argumentation politisch aufwiegelt, ist ein Demagoge.

Dialogisches Sprechen: Im Gegensatz zur Einzelrede entfalten sich die Gedanken in Rede und Gegenrede. Voraussetzung für das Gelingen des Gesprächs ist das genaue Zuhören und das Anknüpfen an den Beitrag des Gesprächspartners. In dieser Kommunikationssituation ist damit zu rechnen, dass das Gegenüber Einwände leichter und rascher artikulieren kann und dass bei der Erwiderung mitunter nur wenig Zeit zum Nachdenken bleibt. (Der Begriff „dialogisches Sprechen" darf nicht dahingehend missverstanden werden, dass es sich bei Einzelreden um einen Monolog handelte; dieser Begriff aus der Welt des Theaters ist im rhetorischen Zusammenhang missverständlich und sollte daher nicht verwendet werden.)

Diskussion: neben Debatte und Verhandlung die wichtigste Form der Gesprächsrhetorik. Zu einer offenen Frage wird diskutiert, wie ein Problem bewältigt oder gelöst werden soll. Im Gegensatz zur Debatte geht es nicht um Ja oder Nein, sondern um verschiedene Wege, ein Ziel gemeinsam zu erreichen.

Dreieck der Rhetorik: Kommunikatives Grundmodell sowohl bei Aristoteles als auch bei Karl Bühler, das von den Instanzen Redner – Thema – Zuhörer ausgeht. Bühler bezieht diese drei Instanzen auf drei Funktionen: Ausdruck – Darstellung von Sachverhalten – Appell.

Du-orientiertes Sprechen: Im Dreieck der Rhetorik ist mit der Orientierung am Zuhörer etwa diese innere Haltung des Redners gemeint: „Welche Voraussetzungen, Interessen und Erwartungen haben meine Zuhörer? Wie lange darf ich sprechen, ohne sie zu überfordern oder zu langweilen? Welche Informationen und Beispiele sind notwendig, damit meine Zuhörer verstehen, was für sie relevant ist?"

Einzelrede: Redeform wie Meinungsrede, Vortrag oder Referat, die zunächst davon ausgehen, dass nur der Redner zu Wort kommt (asymmetrische Kommunikation in eine Richtung, also nur von Redner zum Zuhörer). Dies schließt eine Du-Orientierung aber nicht aus, denn selbstverständlich wird der Redner von den Voraussetzungen, Interessen und Erwartungen der Zuhörer ausgehen, deren Einwände gegebenenfalls vorwegnehmen und zu entkräften versuchen. Bei Zwischenfragen oder einer sich anschließenden Aussprache geht die Einzelrede in einen Dialog über.

→

Ethische Argumentation: Diese stützt sich auf anerkannte Wertvorstellungen und Normen wie zum Beispiel die Menschenrechte. Auch allgemein anerkannte Sitten und Bräuche oder Glaubenssätze sind als Argumente möglich, aber nicht für jeden Zuhörer plausibel.

Ethos: eng mit dem Begriff der Glaubwürdigkeit[L] verbunden. Das Ethos des Redners ist eine wichtige Voraussetzung, um das Publikum für sich zu gewinnen und von seinem Anliegen zu überzeugen. Dies wird bewirkt durch die Redlichkeit und Festigkeit seines Charakters, seine moralische Autorität, sein menschliches und faires Verhalten. Während der Rede selbst gehören dazu sein integeres Auftreten, das Wohlwollen, das er seinen Zuhörern wie der Sache selbst entgegenbringt, sowie die Kompetenz, die Redlichkeit seines Anliegens und die moralischen Überzeugungen, die durch seine Rede zum Ausdruck gebracht werden.

Faule Tricks: unredliche Argumentationsweisen, die sich nicht wirklich argumentativ mit der Sache auseinandersetzen, sondern durch Scheinargumente oder bewusste Täuschungen die Zuhörer in ihrer Urteilsfähigkeit einschränken und so zu Urteilen oder Handlungen verleiten, die von der Sache her nicht gerechtfertigt und nicht im Interesse des Getäuschten sind.

Feedback: in der praktischen Rhetorik ein wichtiges Mittel zur Verbesserung der rhetorischen Fähigkeiten. Es orientiert sich an zwei Leitfragen: Was hat der Sprecher gut gemacht und was könnte er bei seinem nächsten Vortrag besser machen? Hilfreich ist ein Feedback, wenn es von der inneren Haltung getragen wird, dem Sprecher helfen zu wollen.

Gemeinplatz: eine allgemeine Lebensweisheit oder Redeweise, die im konkreten Fall streng genommen kein Argument ist, aber wie ein Argument verwendet wird (Bsp.: *Das war schon immer so, das wird auch in Zukunft so sein.*). Gemeinplätze klingen auf den ersten Blick plausibel, können aber widerlegt werden (Bsp.: *Da sich die Sachverhalte wie die Menschen verändern, könnte es in Zukunft ganz anders sein!*). Ein Gemeinplatz ist eine stereotypisierte Form des Topos.

Gesprächsrhetorik: behandelt alle Formen des dialogischen Sprechens. Der Redebeitrag ist in der Regel deutlich kürzer als in der Einzelrede, denn er erwartet eine Gegenrede bzw. ist selbst Gegenrede auf einen Redebeitrag. Damit das Gespräch gelingt, müssen die Gesprächspartner aufeinander eingehen, also zuhören und auf die Argumente der jeweiligen Gegenseite eingehen. Die wichtigsten Gattungen der Gesprächsrhetorik sind die Diskussion und die Debatte, daneben aber auch viele weitere Varianten des dialogischen Sprechens: in der Schule vom Unterrichtsgespräch über die Diskussionsleitung bis zum Prüfungsgespräch, im außerschulischen Bereich vom Bewerbungsgespräch über die Verhandlung bis hin zur Podiumsdiskussion bzw. Talkshow. Besonders wichtig in allen Bereichen ist das Konflikt- oder Streitschlichtungsgespräch.

Glaubwürdigkeit: wichtige Erwartung des Zuhörers an den Redner und eine zentrale Voraussetzung für Überzeugungskraft. Wer Authentizität, und Wahrhaftigkeit in seiner Person mit Kompetenz und Wohlwollen vereint, ist glaubwürdig für die Zuhörer. Vgl. Ethos[L].

Goldene Regel der Rhetorik: Sei fair! Respektiere die Meinungen, die Interessen und die Rechte deines Gegenüber. Aus Sicht des Redners bedeutet dies: Behandle deine Zuhörer so, wie du selbst von anderen Rednern behandelt werden möchtest! Aus Sicht des Zuhörers bedeutet dies: Verhalte dich dem Redner gegenüber so, wie du es von

→

deinen Zuhörern erwartest, wenn du eine Rede hältst. In Gesprächen bedeutet dies: Behandle deine(n) Gesprächspartner so, wie du selbst behandelt werden möchtest.

Handout: Handreichung bei einem Vortrag, einem Referat oder auch bei einem Prüfungsgespräch. Es enthält wesentliche Informationen und gibt die Struktur des Vortrags wieder. Ein gutes Handout hat durchaus Appellcharakter: Es gibt zwar eine Struktur vor, lässt aber Platz für Aufzeichnungen durch den Zuhörer (Mitschreib-Appell[L]). Der Umfang beträgt bei einem Referat in der Schule in der Regel 1 bis 2 Seiten.

Ich-orientiertes Sprechen: Im Dreieck der Rhetorik ist mit der einseitigen Orientierung am Redner selbst etwa diese Haltung gemeint: „Ich kümmere mich weder ernsthaft ums Thema noch um die Zuhörer. Ich nutze die Gelegenheit um mich darzustellen oder um das loszuwerden, was mir auf der Seele brennt."

Induktive Argumentation: Bei dieser Argumentationsfolge führt der Redner von einem konkreten Beispiel über das Argument zur These hin (Bsp.: *Folgendes ist passiert ... Daran sieht man, dass ... Daher fordere ich ...*). Gegensatz: deduktive A.[L]

Interview: eine asymmetrische Sonderform des Gesprächs, bei der die Rollen (Fragender und Antwortender) weitgehend festgelegt sind. Ziel des Interviews ist es, in einer wohl strukturierten Fragefolge möglichst authentische Statements des Interviewten publik zu machen.

Jugend debattiert: Bundesweiter Schülerwettbewerb im Debattieren, seit Schuljahr 2002/03, an dem mittlerweile über 650 Schulen teilnehmen: Zwei Pro-Redner debattieren gegen zwei Kontra-Redner über eine aktuelle politische Streitfrage. Dieses Format gliedert sich in eine Eröffnungsrunde (4 x 2 Min.), eine freie Aussprache (12 Min.) und eine Schlussrunde (4 x 1 Min.).

Kairos: der günstige, geschickt gewählte Zeitpunkt, zu dem ein Sprecher das Wort ergreift.

Kinesik: die Wissenschaft, die sich mit der Körpersprache befasst.

Kommunikation: Fachbegriff in so unterschiedlichen Wissenschaften wie der Rhetorik, Psychologie, Linguistik, Medienforschung oder der Kybernetik. Gemeint ist der Austausch von Informationen von einem Sender an einen Empfänger. Rhetorische Kommunikation bedeutet, dass ein Redner zu seinem Auditorium über ein Thema spricht oder dass zwei oder mehrere Gesprächspartner wechselseitig kommunizieren.

Kommunikationsmodelle: Modelle, die den Verlauf der Informationsvermittlung von einem Sender (meist links) zu einem Empfänger (meist rechts) grafisch darstellen (Aristoteles, Bühler, Shannon/Weaver, F. Schulz v. Thun usw.).

Konfliktgespräch: Bei dieser Gesprächsform vermittelt in der Regel ein Mediator, der als unparteiische Person das Vertrauen der Betroffenen genießt, zwischen den Konfliktparteien. Damit der Konflikt nachhaltig bewältigt werden kann, sollte darauf geachtet werden, dass beide Seiten ausreichend zu Wort kommen und möglichst alle Aspekte angesprochen werden. Nach der Klärung wird eine Vereinbarung angestrebt. (Streitschlichtung, Klassenparlament)

Kontroverse: der Gegensatz zweier Behauptungen und damit eine wesentliche Voraussetzung für Argumentation[L]. Nur wenn ein Urteil oder eine Forderung strittig ist, macht es Sinn zu argumentieren. Eine Kontroverse ist gegeben, wenn zu einer These[L] eine Antithese[L] aufgestellt werden kann.

Körpersprache: die Gesamtheit des körperlichen Ausdrucks, vor allem: Blickkontakt, Mimik, Gestik und Haltung, aber auch Stimme und Tonfall. Was nicht durch Worte kommuniziert wird, wird auch nonverbale Kommunikation genannt. Körpersprache ist

→

zu einem Teil genetisch bedingt, wird darüber hinaus auch durch Erziehung, Beobachtung oder Vorbilder erworben.

Legitimität: die ethische Zulässigkeit von Argumentationsweisen. Argumente, die sich auf die Sache beziehen, sind in der Regel legitimer als solche, die sich auf die Person beziehen. Da die Übergänge von redlichen zu unredlichen Argumentationsweisen fließend sind, ist es umso wichtiger, diese kritisch auf ihre Legitimität zu überprüfen.

Leitthese: die Grundeinstellung des Redners zu einem strittigen Thema (Pro oder Kontra). Um seine Einstellung überzeugend darzulegen, stellt der Redner mitunter eine Reihe von Thesen auf, für die er jeweils die Zustimmung der Zuhörer sucht.

Logik: Logik ist die Lehre von den Formen des richtigen Denkens. Sie zeigt nicht, was man denken soll (Inhalt), sondern wie man beim Denken zu richtigen Ergebnissen gelangt (Methode). Ein logischer Schluss ist zum Beispiel der Syllogismus[L].

Logische Argumentation: Diese ist gegeben, wenn alle Argumente rational nachprüfbar, haltbar und relevant sind und die Schlussfolgerung nach den Gesetzen der Logik zwingend ist.

Logos: bedeutet im Griechischen u.a. Wort, Bedeutung oder Argument. Neben Pathos[L] und Ethos[L] ist die Argumentation des Redners dessen wichtigstes Mittel, um den Zuhörer von etwas zu überzeugen.

Manipulation: Gesprächstechnik, die das Ziel hat, einen Menschen mit unredlichen und nicht durchschaubaren Mitteln zu Einsichten und Handlungen zu bewegen, die nicht im Interesse des Manipulierten liegen (Ggs.: redliche Argumentation).

Mehrabians 55-38-7-Formel: In einer Untersuchung hatte A. Mehrabian festgestellt, dass 55 Prozent der Wirkung des Redners auf körpersprachliche Signale, 38 Prozent auf die Stimme und nur 7 Prozent auf den Inhalt zurückzuführen sei. Diese weit verbreitete, aber auch missverstandene (und angezweifelte) Formel lässt sich nicht auf alle Rede- und Gesprächsformen übertragen. Fest steht aber, dass die (sichtbaren) körpersprachlichen Signale und die (hörbare) Stimme einen größeren Einfluss auf die Wirkung eines Redebeitrags haben als bisher angenommen.

Mitschreiben/Mitschreibappell: Das Mitschreiben bei Referaten und Vorträgen ist eine wichtige Kulturtechnik, die im Zeitalter des Kopierers und des Internets verloren gegangen ist. Diese Technik ist hilfreich, um sich auf das Gesagte zu konzentrieren und um das Wesentliche zu erfassen.

Nachrichtenquadrat: Kommunikationsmodell von F. Schulz von Thun, auch die „vier Seiten einer Nachricht" genannt. Funktionen einer Nachricht können demnach sein: Selbstoffenbarung, Sachinformation, Beziehungsdefinition und Appell.

Pathos: heftige, mitreißende, erschütternde und entsetzende Gefühlsregungen wie Begeisterung, Freude, Empörung, Schauder oder Trauer. Im allgemeinen Sprachgebrauch spricht man vom Pathos des Redners; aus rhetorischer Sicht geht es aber vor allem um die Gefühle (Affekte[L]), die durch die Rede beim Zuhörer ausgelöst werden. Beim Pathos besteht die Gefahr der Übertreibung und der Lächerlichkeit, vor allem dann, wenn Ethos und Argumentation des Redners diese Gefühlserregung nicht rechtfertigen.

Pentagon: Dieses Modell geht davon aus, dass jeder Redetext fünf Funktionen haben kann: Er informiert über Sachverhalte; er bringt zum Ausdruck, wie der Redner zu diesen Sachverhalten steht (also beispielsweise begeistert, zustimmend, gleichgültig oder ablehnend); und er stellt durch Anrede, Beispiele aus der Erfahrungswelt der Zuhörer, rhetorische Fragen usw. eine Beziehung zum Zuhörer her. Außerdem sollte der Redetext den Zuhörer durch die Art und Weise der Darbietung unterhalten und ihn

→

dazu bewegen, über etwas nachzudenken, die Meinung oder Einstellung zu ändern, vielleicht sogar zu handeln.

Performanz: der eigentliche Vortrag, also die Situation, in der der Redner seinen Zuhörern von Angesicht zu Angesicht gegenübersteht und nicht nur durch den Redetext, sondern auch durch Stimme, Sprechtechnik, Blickkontakt und andere körpersprachliche Ausdrucksweisen sowie durch Präsentationstechniken zur Visualisierung auf den Zuhörer einwirkt; in der antiken Rhetorik auch actio oder pronunciatio genannt.

Perspektive: neben dem Aspekt eine wichtige Denkhilfe zum Finden von Argumenten. Der Redner überlegt aus der Sicht unterschiedlicher Menschen (Junge – Alte, Handelnde – Betroffene usw.) Argumente und Gegenargumente und erweitert so seinen Begründungsschatz.

Persuasion: Oberbegriff für die Vorgänge des Überzeugens und des Überredens. Persuasion möchte beim Zuhörer einen mentalen Wechsel bewirken, sodass dieser vom Anliegen des Redners überzeugt ist.

Phasen der Vorbereitung: in der Antike ursprünglich fünf Produktionsstadien (officia oratoris); aus pädagogischen und schulpraktischen Gründen lässt sich die Vorbereitung sinnvollerweise in sieben Phasen gliedern: Erfassung des Themas (intellectio), Ideensammlung (inventio), Gliederung (dispositio), Sprachgestaltung (elocutio), Visualisierung, Einprägephase (memoria), Probesprechen (pronunciatio/actio).

Plausibilität/plausible Argumentation: eine Argumentation, die dem Zuhörer unmittelbar einleuchtet, aber nicht zwangsläufig auch logisch ist. Oft wird die spontane Zustimmung des Publikums erreicht, indem man dessen Meinungen und Überzeugungen auf den zur Diskussion stehenden Fall bezieht.

Populismus: eine volksnahe Argumentationsweise, die sich verbreiteter Meinungen bedient, um die Gunst der Zuhörer zu gewinnen; wird die soziale oder politische Lage dramatisiert, um die Zuhörer aufzuwiegeln, geht Populismus in Demagogie über (Ggs.: redliche Argumentation).

Präsentationstechniken: Techniken zum Präsentieren visueller Informationen. Die gängigsten sind traditionell Tafelanschrieb und Folie (über den Tageslichtprojektor), zunehmend auch computergestützte Präsentationen (z. B. Powerpoint). Bei bestimmten Themen sind auch Flipchart, Pinnwand, Lernplakat und das *Zeigen von Gegenständen* hilfreich.

Pro und Kontra: Kurzform für These und Gegenthese in einer kontroversen Redesituation. Man argumentiert in einer Streitfrage *für* oder *gegen* eine Sache.

Propaganda: über einen einzelnen Redebeitrag hinausgehend eine gefährliche Form manipulativer Kommunikation, bei der politische und weltanschauliche Ideen durch massiven Einsatz der Medien systematisch und einseitig verbreitet werden (Ggs.: redliche Argumentation). Typisches Beispiel: Propagandaminister Josef Goebbels nutzte alle publizistischen Mittel, um die Ideologie des Nationalsozialismus zu verbreiten. Er missbrauchte seine Macht und einzelne Techniken der Rhetorik, indem er keine Gegenrede zuließ: Auf die rhetorische Frage: „Wollt ihr den totalen Krieg?" durfte niemand mit Nein antworten!

Recht haben/bekommen: Hinter dieser begrifflichen Unterscheidung steht die (mitunter bittere) Erfahrung: Wer Recht hat, bekommt nicht automatisch Recht! Denn es genügt nicht, dass der Redner eine Sache richtig verstanden hat; sein Ziel hat er erst erreicht, wenn er sie für die Zuhörer auf überzeugende Weise dargestellt hat.

→

Rede: mündlich vor einer Zuhörerschaft (Auditorium, Publikum) vorgetragener Text und der entsprechende kommunikative Vorgang. Unterschieden werden zwei Redetypen: die Einzelrede im Sinne einer Ansprache (z. B. Festrede oder Lehrvortrag) und die interaktive (dialogische) Rede, die mit Gegenrede rechnet oder selbst Gegenrede ist (z. B. Gerichtsrede, Parlamentsrede). In der Face-to-face-Situation der Rede werden die Zuhörer nicht nur durch den Redetext, sondern auch durch die Körpersprache und die Stimme des Redners beeinflusst. Mit seiner Rede macht der Redner häufig sein eigenes Anliegen öffentlich, sein Ziel ist die verständliche (und meist auch wirkungsvolle) Unterrichtung der Zuhörer und darüber hinaus meist auch deren Überzeugung. Im Gegensatz zur Predigt widmet sich die Rede weltlichen (z. B. wissenschaftlichen oder gesellschaftspolitischen) Themen.

Redeabsicht/Redeziel: Aus Sicht der Zuhörer ist die Arbeit das Motiv des Redners. Aus Sicht des Redners spricht man besser vom Ziel, das der Redner verfolgt (telos[L]).

Redegattungen: Nach antiker Auffassung gibt es drei Gattungen: die Gerichtsrede (genus iudiciale), bei der es im Wesentlichen um Anklage und Verteidigung geht, die politische Rede (genus deliberativum), bei der der Redner vorrangig zu- oder abrät, und die Fest- bzw. Gelegenheitsrede (genus demonstrativum bzw. laudativum), bei der eine Person oder ein Ereignis bewertet wird. Hinzu kommen mit der Durchsetzung des Christentums die Predigt (ars praedicandi) und in der Neuzeit die Lehrrede (genus didacticum), aus der Sachvortrag und Referat hervorgingen. (Gattungen der Gesprächsrhetorik)

Referat: Der Begriff kommt aus dem Lateinischen und bedeutet wörtlich übersetzt „Er möge berichten!". Gemeint ist ein Vortrag über ein bestimmtes Thema. Der Referent ist der Vortragende, also der Redner, der ein Referat hält. Die Verbform *referieren* ist gleichbedeutend mit: *ein Referat halten*. Der Begriff „Referat" ist allerdings nicht ganz deckungsgleich mit „Vortrag": Ein Vortrag dauert meist länger, gewährt dem Redner eine höhere Selbstständigkeit und steht in einem größeren Zusammenhang; während das Referat vor allem informiert (docere), kann der Vortrag eine weitergehende Wirkung entfalten (delectare und movere).

Regeln der Rhetorik: Im Laufe ihrer Geschichte hat die Rhetorik erfolgreiche Rede- und Gesprächsstrategien erfasst, zu Regeln zusammengestellt und als Anleitung für bevorstehende Reden empfohlen. Wichtig ist, dass diese Regeln nicht verabsolutiert werden und immer im Hinblick auf die konkrete rhetorische Situation überprüft werden. Wesentliche Regeln, die sich in vielen Rhetoriken finden, sind: Bereite dich sorgfältig vor! Sprich verständlich! Visualisiere schwierige Sachverhalte! Gliedere deinen Redebeitrag! Sprich möglichst frei und halte Blickkontakt! Überfordere deine Zuhörer nicht mit zu vielen Informationen! usw.

Relevanz: die Wichtigkeit oder Anwendbarkeit eines Arguments[L] im Hinblick auf die These[L]. Ein Argument kann für sich genommen zwar richtig bzw. wahr, aber für die These bzw. den Zuhörer nicht von Belang sein; in diesem Falle ist es irrelevant.

Rhetorik: ist eine elementare Kulturtechnik, die Fähigkeit des Menschen zu bewusster und reflektierter menschlicher Kommunikation[L]. Im Gegensatz zu anderen Kommunikationsformen meint Rhetorik im engeren Sinne die gesprochene Kommunikation von Angesicht zu Angesicht, also den Versuch des Redners, sein Anliegen verständlich und wirkungsvoll vorzutragen und seine Zuhörer vom Gesagten zu überzeugen. Dies geschieht nicht nur durch den Redetext selbst, sondern auch durch den Einsatz kör-

→

persprachlicher Mittel sowie durch Visualisierungen. (griech.: rhētorikḗ téchnē; lat.: ars rhetorica oder ars oratoria)

Sachorientiertes Sprechen: Im Dreieck der Rhetorik ist mit der Orientierung am Thema etwa diese Haltung gemeint: „Ich bringe alles, was vom Thema her wichtig ist. Dabei stelle ich Einzelheiten möglichst vollständig und genau dar. Dass mein Vortrag die Zuhörer überfordert, nehme ich in Kauf. Hauptsache, das Thema ist korrekt behandelt."

Schlagfertigkeit: die Fähigkeit, blitzschnell und mit verblüffender Wirkung auf die Aussage eines Gesprächspartners reagieren zu können. Dabei bedient man sich meist eines Wortspiels oder eines Bildes, das unmittelbar einleuchtet.

Schlussfolgerung: Sie sollte logisch zwingend („schlüssig"), zumindest aber plausibel sein. Beim Syllogismus[L] und bei der induktiven[L] Argumentation ist die Schlussfolgerung das Argumentationsziel.

Setting: die Rahmenbedingungen, die rhetorische Situation, in der ein Rede- oder Gesprächsbeitrag stattfindet, vgl. Angemessenheit[L].

Sieben freie Künste *(septem artes liberales)***:** Die eines „freien Mannes" würdigen, d. h. für seine Ausbildung wesentliche Wissenschaften waren: Grammatik, Rhetorik und Dialektik (sprachliches Trivium) sowie Geometrie, Arithmetik, Astronomie und Musik (mathematisch-naturwissenschaftliches Quadrivium). Diese Wissenschaften mussten in einer Art Grundstudium zuerst erlernt werden, bevor sich ein junger Mann weiteren Studien zuwenden durfte (z. B. Theologie, Jura oder Medizin).

Sprechakt: was jemand tut, indem er etwas sagt. Hierzu drei Beispiele: „Es tut mir Leid!" Sich entschuldigen/„Dies hat viele Nachteile" Abwerten /„Es zieht hier" Aufforderung, Tür oder Fenster zu schließen. Die Sprechakttheorie geht auf K. Bühler zurück und wurde von Austin und Searle systematisch beschrieben. Sie beruht auf der Annahme, dass Sprechen immer gleich Handeln ist. Im Rahmen der praktischen Rhetorik können Sprechakte den drei Instanzen zugeordnet werden: Redner (z. B. Rechtfertigung), Thema (z. B. Information, Kritik) und Zuhörer (z. B. Appell).

Strategie: der vor dem Redebeitrag entwickelte Plan, wie Zuhörer bzw. Gesprächspartner trotz zu vermutender Widerstände überzeugt werden können (Ziel). Sinnvollerweise geht eine Strategie vom Ist-Zustand aus und überlegt, mit welchen Leitgedanken (Werten, Normen), Argumenten und Sprechakten eine geeignete Botschaft formuliert wird, um den Soll-Zustand zu erreichen.

Streitschlichtung: vgl. Konfliktgespräch

Struktur: Nicht der Inhalt, sondern die gedankliche Verknüpfung einzelner Inhalte in einem Beziehungsgeflecht. Die Gliederung der Rede ist meist deren Grob-, die Argumentation dagegen eher deren Feinstruktur.

Suggestion: eine versteckte Form der geistig-seelischen Beeinflussung, die den Zuhörer zu einem bestimmten Verhalten bewegen möchte (Ggs.: redliche Argumentation). Eine Suggestivfrage ist nicht wirklich offen, vielmehr legt sie auf manipulative Weise eine bestimmte Antwort nahe, z. B.: „Wollt ihr angesichts dieser enormen Risiken wirklich den Versuch wagen?"

Syllogismus: eine logische Ableitung, die aus zwei Voraussetzungen (Prämissen) und einer Schlussfolgerung (Konklusion) besteht. Das bekannteste Beispiel: Alle Menschen sind sterblich. Sokrates ist ein Mensch. Also ist auch Sokrates sterblich.

Synthese: Wenn These[L] und Antithese[L] nicht unvermittelt einander gegenüberstehen, sondern durch Argumentation und Diskussion zu etwas Neuem miteinander verknüpft werden, spricht man von einer Synthese. Die Synthese versucht einen Ausgleich zwi-

→

schen zwei widerstreitenden Interessen herzustellen, indem sie konsensfähige Inhalte zu einem Ergebnis oder einer Entscheidung zusammenführt.

Telos: Ziel (bzw. Anliegen) des Redners (oratorisches telos)

Textfunktionen: In der Antike hat sich die Vorstellung entwickelt, dass ein (Rede-)Text drei zentrale Funktionen hat, die durch die Trias docere – delectare – movere dargestellt werden: Der Redner informiert über einen Sachverhalt, er unterhält und er bewegt den Zuhörer zu einem neuen Bewusstsein oder Verhalten. Darüber hinaus bringt er die Gefühle des Redners zum Ausdruck (Bühler) und er stellt eine Beziehung zum Zuhörer her.

Thema: der Gegenstand der Rede an sich. Damit das Sprechen erfolgreich ist, sollte das Thema die gemeinsame Sache von Redner und Zuhörer werden. Zu jedem Thema gehört (mindestens) eine Aussage (Thema-Rhema-Struktur). Ist das Thema als eine Streitfrage (*Soll ...?*) formuliert, so besteht die Aussage des Redners in der Antwort auf die gestellte Frage.

These und Antithese: sind beides Thesen im Rahmen einer Kontroverse. Was als These und was als Antithese bezeichnet wird, hängt von der konkreten Gesprächssituation und von der Perspektive des Redners ab.

These: im weiteren Sinne eine Behauptung, die Geltung beansprucht, die strittig ist und die daher begründet werden muss. Dies kann ein Urteil sein („Der Kanzler ist nicht kompetent.") oder eine Forderung („Der Kanzler muss unbedingt gestürzt werden!"). Thesen lassen sich auch als persönliche Meinung formulieren („Ich halte den Kanzler für eine Katastrophe." oder „Meiner Meinung nach müsste endlich einmal die Opposition an die Macht."); dadurch werden sie allerdings abgeschwächt. Eine These kann durch ein oder mehrere Argumente begründet werden. Im engeren Sinne versteht man unter These die Behauptung des Redners, die sich mit einer vermuteten oder bereits geäußerten Antithese auseinandersetzt.

Topik: die systematische Darstellung von Suchformeln, um Argumente und weitere Gedanken zu gewinnen. Zeitgemäß ist die journalistische Formel *Wer? Wann? Wo? Warum? Wie? Mit welchen Mitteln?* Neben dieser einfachen Formel gibt es ausführlichere Systematisierungsversuche, häufig wird dabei zwischen Suchkategorien nach der *Person* (ad personam) und nach der *Sache* (ad rem) unterschieden. Ein Topos ist ein Denkmuster, aus dem sich Argumente gewinnen lassen (Person: Geschlecht, Alter, Erziehung / Ausbildung, soziale Stellung, Neigung, Vorgeschichte; Sache: Beweggrund, Ort, Zeit, Art und Weise, Möglichkeit, Definition, Vergleich, Umstände usw.) Diese einzelnen Fundstellen (topoi, loci) sind jeweils offen für beide Seiten. So lässt sich vor Gericht beispielsweise aus dem Topos der Umstände sowohl ein Argument für die Anklage als auch eines für die Verteidigung gewinnen.

Totschlag-Argument: ein Argument[L], das verblüffend plausibel klingt und eingesetzt wird, um den Gegner vorschnell zur Aufgabe zu drängen.

Tugenden des Redners: Von den Kardinaltugenden Gerechtigkeit, Mut, Weisheit und Mäßigung lassen sich im Hinblick auf den Redner beispielsweise ableiten: Glaubwürdigkeit und Engagement für die gerechte Sache sowie Verzicht auf Übertreibung und solide Vorbereitung.

Überredung/Überzeugung: eine wichtige Unterscheidung um redliche und unredliche Argumentation voneinander abzugrenzen. Überzeugung ist ein Bewusstseinszustand, der durch logische, ethische und plausible Argumentation erreicht wird; Überredung ist dagegen nicht das Ergebnis sachorientierter Argumentation, sondern psychologischer Taktik.

→

Überzeugungsmittel: Aristoteles unterscheidet drei Mittel, um die Zuhörer zu überzeugen: zunächst das Ethos[L] des Redners (vor allem seine Glaubwürdigkeit), dann seine Argumentation (logos[L]) und schließlich seine Stimmführung, Mimik und Gestik (pathos[L]), die beim Zuhörer heftige Gefühle auslösen können.

Unredliche Argumentationsweisen: s. faule Tricks

Verhandlung: neben Diskussion[L] und Debatte[L] eine wichtige Form der Gesprächsrhetorik[L]. Wer verhandelt, möchte von der Gegenseite etwas Erwünschtes bekommen. Ziel von Verhandlungen ist es eine Übereinkunft zwischen zwei Seiten zu erreichen, die einerseits zwar gemeinsame, andererseits aber auch gegensätzliche Interessen haben.

Vermittlungsmethoden: Art und Weise, wie (frei) der Redner seinen Text vorträgt (vom Ablesen des Manuskripts über stichwort- und mediengestützte Verfahren bis zur freien Rede)

Verständlichkeit: neben sprachlicher Richtigkeit, Kürze, Angemessenheit und wirkungsvoller Formulierung eine weitere Forderung an den Redetext. Verständlichkeit wird hergestellt durch sorgfältige Wortwahl, klaren Satzbau, eine überschaubare Gliederung und eine nachvollziehbare Argumentation. Auch Visualisierungen[L] können zur Verständlichkeit beitragen.

Visualisierung: das Sichtbar-Machen der gesprochenen Inhalte durch bestimmte Präsentationstechniken (Tafel, Folie, Pinnwand, Flipchart, Lernplakat sowie Laptop und Beamer).

Vortrag: vgl. Referat[L]

Wahrhaftigkeit: was subjektiv und mit ehrlicher Überzeugung als wahr empfunden wird. Diese „subjektive Wahrheit" kann sich ändern.

Wahrheit: was unabhängig von subjektiver menschlicher Wahrnehmung mit den Tatsachen, mit der Wirklichkeit übereinstimmt, „objektiv" ist.

Wahrscheinlichkeit: was wahr zu sein scheint, sich aber nicht beweisen lässt. Aussagen, die künftige Entwicklungen betreffen, können nur wahrscheinlich sein, da niemand mit absoluter Sicherheit die Zukunft kennt.

Widerstand: der Bewusstseinsinhalt des Zuhörers, der dem Anliegen des Redners zunächst ablehnend (oder zumindest zweifelnd) gegenübersteht. Dass ein Redner argumentiert, um seine Zuhörer von etwas zu überzeugen, wovon sie bislang noch nicht überzeugt sind, setzt voraus, dass diese einen anderen Bewusstseinsinhalt haben. Wer andere überzeugen möchte, sollte sich also diese Widerstände bewusst machen, um sie argumentativ zu überwinden.

Zielsatz: Technik des gezielten Schluss-Satzes, die durch pointierte Formulierung und bewusste Sprechführung deutlich macht, dass der Redner zum Abschluss seiner Rede gelangt ist, die inhaltlich zumeist aber auch die Botschaft[L] des Redners auf den Punkt bringt (z. B. Kennedy: „Ish bin ein Bearleener!").

Zivilcourage: im Gegensatz zum militärischen Heldenmut eine wertvolle Grundhaltung des Menschen in der Gesellschaft; im rhetorischen Sinne der persönliche Mut des Redners, in kontroversen Redesituationen zur eigenen Überzeugung zu stehen und selbst bei drohender Gewalt gegenüber Ungerechtigkeiten jeder Art Stellung zu beziehen.

Weiterführende Literatur zum Thema

Die Literatur zum Thema Rhetorik ist selbst für Fachleute unübersehbar. Besonders im Bereich der Ratgeber-Literatur wird der Buchmarkt mit einer Vielzahl von – mitunter recht fragwürdigen – Anleitungen überschwemmt, die vieles versprechen, aber deutlich weniger halten. Titel, die *in dreißig Minuten* eine *mitreißende* Rhetorik, *Schlagfertigkeit* oder gar *Selbstbewusstsein* verheißen, sind in dieser Bibliografie nicht enthalten.
Diese Bibliografie versucht die Spreu vom Weizen zu trennen, also wirklich nur Essentials der Rhetorik sowie deren Didaktik und Methodik anzuführen, dabei diese Titel systematisch zu ordnen, um dem interessierten Leser einen raschen Überblick und Zugriff zu ermöglichen. Die angeführten Titel dienen in erster Linie der Vertiefung, gerade in den Bereichen, die in diesem Band aus Platzgründen zu kurz gekommen sind. Keinesfalls soll mit dieser Bibliografie aber der Eindruck geweckt werden, man müsse erst einmal vieles gelesen haben, bevor man als Lehrer oder Trainer rhetorische Fähigkeiten vermitteln könne. Was an theoretischem Hintergrund und an praktischer Anleitung für die erfolgreiche Durchführung einer Unterrichtseinheit „praktische Rhetorik" unerlässlich ist, ist im vorliegenden Band knapp, aber hinreichend skizziert.

Wer zu den antiken Quellen der Rhetorik hinabsteigen möchte, entdeckt Grundsätzliches und erstaunlich Aktuelles in den folgenden Primärtexten:

Aristoteles 1989: Rhetorik. Übersetzt von Franz G. Sieveke. München
Cicero 1997: Über den Redner. Übersetzt von Harald Merklin. Stuttgart
Quintilian 1995: Ausbildung des Redners. Übersetzt von Helmut Rahn. Darmstadt

Wer sich dagegen einen Überblick über die antike Rhetorik verschaffen möchte, findet fundierte historische Darstellungen in:

Andersen, Ø. 2001: Im Garten der Rhetorik. Die Kunst der Rede in der Antike. Übersetzt von B. Mannsperger und I. Tveide. Darmstadt
Fuhrmann, M. 2007: Die antike Rhetorik. Düsseldorf
Ueding, G. 1995: Klassische Rhetorik. München

Wer sich wissenschaftlich und systematisch mit Rhetorik beschäftigt, findet Wesentliches in:

Göttert, K.-H. 1998: Einführung in die Rhetorik. München
Knape, J. 2000: Was ist Rhetorik? Stuttgart
Ottmers, C. 2007: Rhetorik. Stuttgart
Ueding, G. (Hg.) 1992 ff.: Historisches Wörterbuch der Rhetorik. Tübingen
- 2000: Moderne Rhetorik. Von der Aufklärung bis zur Gegenwart. München
- /B. Steinbrink 2005: Grundriß der Rhetorik. Geschichte. Technik. Methode. Stuttgart

Wer Musterreden für Imitationsübungen oder für die Analyse sucht, findet geeignete Texte in den Sammlungen von:

Hinderer, W. (Hg.) 1973: Deutsche Reden. 2 Bände. Stuttgart
Schlüter, H. 1983: Grundkurs der Rhetorik. München
Ueding, G. (Hg.) 1999: Deutsche Reden von Luther bis zur Gegenwart. Frankfurt a. M.
Wende, P./ M.-L. Recker (Hg.) 1990-1999: Politische Rede 1792-1990. 4 Bände. Frankfurt a. M.

Anleitungen zur Redeanalyse sind in vielen Sprach- und Geschichtsbüchern enthalten, ausführlich und systematisch dargestellt aber bei:

Spang, K. 1987: Rede. (themen, texte, interpretationen, Bd. 9). Bamberg

Wer rhetorische Figuren aufspüren möchte, wird fündig in den Stillehren von:

Groddeck, W. 2008: Reden über Rhetorik. Zu einer Stilistik des Lesens. Frankfurt a. M.

Lausberg, H. 1990: Handbuch der literarischen Rhetorik. Stuttgart

Plett, H. F. 2001: Einführung in die rhetorische Textanalyse. Hamburg

Zur Anthropologie der Rhetorik sei auf zwei kürzere Beiträge verwiesen:

Blumenberg, H. 1981: Anthropologische Annäherung an die Rhetorik. In: Ders.: Wirklichkeiten, in denen wir leben. Stuttgart. S. 104-136

Robling, F.-H. 2005: Rhetorische Anthropologie. In: G. Ueding: Rhetorik. Begriff – Geschichte - Internationalität. Tübingen. S. 307-313

Wer Interesse an psychologischen oder kommunikationstheoretischen Fragestellungen hat, kann sich informieren in den Bänden von:

Bühler, K. (1999): Sprachtheorie. Die Darstellungsfunktion der Sprache (1934). Stuttgart

Cialdini, R. B. 2006: Die Psychologie des Überzeugens. Ein Lehrbuch für alle, die ihren Mitmenschen und sich selbst auf die Schliche kommen wollen. Übersetzt v. M. Wengenroth. Bern

Knape, J./N. Becke/K. Böhme 2009: „Strategie". In: Ueding, G. (Hg.) 1992.: Historisches Wörterbuch der Rhetorik. Band 10. Tübingen.

Schulz von Thun, F. 1998: Miteinander reden. 3 Bände. Reinbek b. Hamburg

Watzlawick, P./J. H. Beavin/D. D. Jackson 1990: Menschliche Kommunikation. Formen, Störungen, Paradoxien. Bern

- /J. H. Weakland/R. Fisch 1988: Lösungen. Zur Theorie und Praxis menschlichen Wandels. Bern

Vernachlässigt wird in Deutschland der Bereich der Verständlichkeitsforschung, obwohl gerade Verständlichkeit ein zentrales Kriterium für gute Rhetorik darstellt. Erhellend ist hierzu das Bändchen von:

Langer, I./ F. Schulz v. Thun / R. Tausch 1990: Sich verständlich ausdrücken. München

Die Gesprächsrhetorik hat in den letzten Jahren sowohl in der Ratgeber- als auch in der didaktischen und wissenschaftlichen Literatur zunehmend an Gewicht gewonnen:

Birkenbihl, V. F. 2004: Rhetorik – Redetraining für jeden Anlass: Besser reden, verhandeln, diskutieren. München

Berthold, S. 2000: Im Deutschunterricht Gespräche führen lernen. Unterrichtsanregungen für das 5. bis 13. Schuljahr. Essen

Böhme, K./J. Knape 2009: „Talkshow". In: Ueding, G. (Hg.) 1992: Historisches Wörterbuch der Rhetorik. Band 10. Tübingen.

Knape, J. u.a. (Hg.) 2009: Text-und Gesprächslinguistik. Bd. 2. (Handbücher zur Sprach- und Kommunikationswissenschaft, 16.2) Berlin/New York, 1472. 1484.

- (Hg.) 2009: Rhetorik im Gespräch. Ergänzt um Beiträge zum Tübinger Courtshiprhetorik-Projekt. Berlin

Kessel, K. 2009: Die Kunst des Smalltalks: Sprachwissenschaftliche Untersuchungen zu Kommunikationsratgebern. Tübingen

Wer sich als Rhetoriktrainer mit didaktischen und methodischen Fragen beschäftigt, kann sich mit einer Vielzahl unterschiedlicher Ansätze auseinandersetzen:

Bartsch T.-Chr./M. Hoppmann/ B. F. Rex/ M. Vergeest 2005: Trainingsbuch Rhetorik. Paderborn

Berthold, S. 1993: Reden lernen. Übungen für die Sekundarstufe I und II. Frankfurt a. M.

Endres, W./M. Küffner 2008a: Rhetorik und Präsentation in der Sekundarstufe I. Weinheim

- 2008b: Rhetorik und Präsentation in der Sekundarstufe II. Weinheim

Fellenberg, M. 2008: Praktische Rhetorik in der Schule: Eine empirische Untersuchung verschiedener Unterrichtsmethoden zur Vorbereitung von Schülervorträgen. Augsburg

Klippert, H. 2001: Kommunikations-Training. Weinheim

Mayer, H. 2007: Rhetorische Kompetenz: Grundlagen und Anwendung. Utb;

Merger, A. (Hg.) 1998: Rhetorik in der Schule. (Rhetorik. Ein internationales Jahrbuch. Band 17.). Stuttgart

Waldenmaier, I. 2009: „Hab ich voll verpeilt, Alter!" Mündliche Kommunikation. Mühlheim

Zur Visualisierung und zu Präsentationstechniken finden sich Anregungen in:

Frank, N./J. Stary 2006: Gekonnt visualisieren. Medien wirksam einsetzen. Paderborn

Hartmann, M./R. Funk/H. Nietmann 2008: Präsentieren. Präsentationen: zielgerichtet und adressatenorientiert. Weinheim

Hertlein, M. 2003: Präsentieren – vom Text zum Bild. Reinbek b. Hamburg

Seifert, J. W. 2007: Visualisieren. Präsentieren. Moderieren. Offenbach

Weidenmann, B. 2003: Hundert (100) Tipps und Tricks für Pinnwand und Flipchart. Weinheim

Zur Bedeutung und zur rhetorischen Funktion der Körpersprache sind lesenswert:

Matschnig, M. 2007: Körpersprache: Verräterische Gesten und wirkungsvolle Signale. München

Mehrabian, A. 1981: Silent Messages: Implicit Communication of Emotions and Attitudes. Belmont

Molcho, S. 2007: Alles über Körpersprache: Sich selbst und andere besser verstehen (2002). München

Pease, A. und B. 2006: Kalte Schulter und warmer Händedruck. Berlin

Verband der Redenschreiber Deutschlands/Deutsche Public Relations Gesellschaft (Hg.) 2006: Welchen Anteil haben Text, Erscheinungsbild des Redners, Betonung und Gestik an der Gesamtwirkung eines Vortrags? Eine Studie, durchgeführt vom Institut für Demoskopie Allensbach und dem Institut für Publizistik der Universität Mainz. o. O.

Vernachlässigt wird selbst in der praktischen Rhetorik häufig der Bereich der Atemtechnik, Stimmbildung, Artikulation (Sprecherziehung), daher auch hierzu einige gängige Veröffentlichungen:

Pabst-Weinschenk, M. 2000: Die Sprechwerkstatt: Sprech- und Stimmbildung in der Schule. Braunschweig

- (Hg.) 2004: Grundlagen der Sprechwissenschaft und Sprecherziehung. Paderborn

Wagner, R. W. 2006: Mündliche Kommunikation in der Schule. Paderborn

Viel ist über das Thema Argumentation geschrieben worden, aber wenig davon lässt sich in einem Rhetorikkurs wirklich umsetzen. Daher wird hier auf Aristoteles, Toulmin und Perelman verzichtet, um sich auf Ansätze zu beschränken, die im Rahmen einer praktischen Rhetorik eher hilfreich sind:

Bayer, K. 2007: Argument und Argumentation. Logische Grundlagen der Argumentationsanalyse. Göttingen

Kienpointner, M. 1996: Vernünftig argumentieren. Regeln und Techniken der Diskussion. Reinbek b. Hamburg
Kopperschmidt, J. 2005: Argumentationstheorie zur Einführung. Hamburg

Wer sich mit dem Missbrauch der Rhetorik auseinandersetzen will, um faule Tricks besser entlarven zu können, findet Haarsträubendes und Bedenkliches in:
Hamilton, W. G. 1991: Die Logik der Debatte. Bemerkungen über den Glanz der Rede und die Schäbigkeit der Beweise. Heidelberg
Krämer, W. 1998: So lügt man mit Statistik. Frankfurt a. M.
Schleichert, H. 2003: Wie man mit Fundamentalisten diskutiert, ohne den Verstand zu verlieren. München
Schopenhauer, A. 1983: Eristische Dialektik (1864). Zürich

Veröffentlichungen des Autors:
Gora, S. 1992: Grundkurs Rhetorik. Eine Hinführung zum freien Sprechen. Mit Lehrerheft. Stuttgart
- 1998: Rhetorik - Hilfswissenschaft oder Konvergenzpunkt im fächerverbindenden Unterricht? In: Rhetorik. Ein internationales Jahrbuch. Band 17. Tübingen. S. 72-88
- 2001: Schule der Rhetorik. Ein Lese- und Arbeitsbuch. Stuttgart
- 2004a: Ein Standardaufbau für (fast) jede Rede. Strukturiertes Sprechen in der Sekundarstufe I. In: Praxis Schule 5-10. H. 4/04. S. 22 - 27
- 2004b: Das Pentagon der Rhetorik. Zur Weiterentwicklung eines Kommunikationsmodells In: Mitteilungen des Deutschen Germanistenverbandes. 04/2004. S. 464 - 470
- 2004/05: Vom Lampenfieber zum souveränen Auftreten. Fünf Beiträge. In: Deutschmagazin. H. 3/04. S. 8-16. H. 4/04. S. 8-13. H. 5/04. S. 8-14. H. 1/05. S. 9-16.
- 2005: Umgang mit Referaten: besprechen, bewerten und konstruktives Feedback. In: Deutschmagazin. H. 6/05. S. 19-24
- 2006: Mitschreiben als „Mitdenken". Über eine hilfreiche und notwendige Kulturtechnik. Zwei Beiträge in: Deutschmagazin. H. 5/06. S. 15-20 und H. 6/06. S. 18-24
- 2007a: Selbstbewusstsein und Zivilcourage. Auseinandersetzung mit dem Thema „Mobbing". In: Deutschmagazin. H. 2/07. S. 15-20
- 2007b: Von der „inventio" zur „dispositio": Argumente finden, auswählen und anordnen. In: Deutschmagazin. H. 4/07. S. 27-32
- 2008: Debattieren im Deutschunterricht. Kontroverse Auseinandersetzungen im Klassenzimmer. In: Deutschmagazin. H. 6/08. S. 9-14
- 2010: Argumente bewerten und besser formulieren. In: Deutschmagazin. H. 1/10. S. 40-47.

Bildquellenverzeichnis

S. 34 f., 43: K. Bühler: Sprachtheorie. 3. Auflage. Stuttgart 1999
© Jan Tomaschoff; Umschlag vorn: Milena Gora, Eschach; Umschlag hinten: Oliver Scheer, Eschach